新宿歌舞伎町

悪漢《ヤカラ》のアウトサイダーズ・エシックス

影野臣直

れんが書房新社

プロローグ　騒乱の歌舞伎町交番

「こら！　まだ、飲み代もらってねぇぞ。どこへ連れていくんだよぉ！」

オレが出版社の担当編集とほろ酔い加減で歩いていたときのことだ。バンコウ（歌舞伎町交番）の前を通ると、突然の怒声が耳をついた。早くからの飲酒で酔っていたオレは、酔眼朦朧とした目で声の主を探るように交番を見た。２０１５年（平成27年）６月２日、夜の10時を少しまわったころだったろうか。

交番前にはＰＣ《パトカー》が停まり、赤いランプが点滅している。歌舞伎町の闇とランプの光がコントラストをなし、交番付近には異様な空気が漂っていた。

どうやら数人の男と、警察官がモメているようだった。

「だから、アンタら警察だろ。無銭飲食の客を連れてきたのに、それを署（新宿警察署）に連れていくって……そりゃなんなんだよ！　逃げられたら、どうすんだよ。アンタらが、飲み逃げした客のケツ持ってくれんのかよ！」

警察官に噛みついているのは、一見どこにでもいるようなキャバクラの黒服風の男だった。だが、若い無表情な警察官に向かっていく態度は、明らかに堅気のそれとは違っていた。

（ほぅ……これが、今風のゴタ〈※料金トラブル〉か）

歌舞伎町にぼったくりが再燃、交番に行列ができるほどゴタが増えていた。うわさは聞いていたので、少し見物してやろうという気になり足を止めた。

基本的に、ぼったくり店は昔も今も営業形態は変わっていない。客引き（キャッチや売春を専門にしているポン引き）が「安く飲ませる」などと客の射幸心をあおり、店に連れていく。あとは、店内で黒服が法外な料金を請求してカネを獲る。これは、ぼったくり店がギャングバー（終戦直後のぼったくり店の総称）と呼ばれていた時代から、ほぼ変わっていない。

　ただ、料金を精算するにあたり、客を逃がさないように「テーブル会計です」と卓上でおカネをいた

バイト先のぼったくりバーの前で著者を写したもの（撮影／渡辺克巳）

だく。あくまでも紳士的に穏やかに、店長やマネージャーが客を接待しているかのように見せる。周囲の客にトラブっていることを気づかせないための配慮である。これが、オーソドックスなぼったくり店のスタイルだった。

ところが、最近のぼったくりは店内で生じたゴタを交番に連れていき、警察官を立会人にして処理するという。まさかと思ってはいたが、過去のぼったくり営業の常識を覆すようなことが、今、目前で繰り広げられているのである。

店側が民事不介入を錦の御旗に、交番を料金交渉の場として使うという新手の手口。客にしてみれば交番は事件に遭遇した、いわゆる被害者が駆けこむところと思っていただろう。警察に救いを求めにきただけに、逆に自分が加害者として交番に連れてこられているとは、予想だにしなかったに違いない。一般人の常識の範疇を超えている。

しかも、若い黒服は場馴れしているというか、このような警察官とのネゴ(交渉)に慣れているかのように見えた。1人の警察官が黒服の相手をしているうちに、ほかの警察官が客を本署(新宿署)に連れていくためPCを呼んだ。どうやら黒服は、それを不満に警察官に噛みついているようだった。

「警察はなにもしてくれない」

昨今、各種報道ではぼったくり店を叩くというより、警察のぼったくり被害に対する無力ぶりを非難するかのような記事ばかりが掲載されていた。それまで、頑なに民事に介入することを拒んでいた警察官だったが、この日はなにかが違っていた。

思わぬ警察側の対応に、黒服は戸惑ったことだろう。やがて、店側の援軍のような男たちが交番前に駆けつけた。

「あれですよ、あれ！」

応援部隊の到着に気をよくした黒服が、交番脇の駐車場から移動しようとしている警察車両を指差した。車両の後部座席には、男性客2人が乗せられている。

1人の男がほかの黒服らを促し、警察車両の前に立ちふさがった。

「どきなさい、危険です！」

交番から出てきた警察官が、男らに向かって叫んだ。だが、注意する警察官を無視し、他の黒服たちも車を取り囲んだ。

「アンタら。これは民事事件なのに、なぜ署に連れていくの。客と話させてよ。会計も、まだすんでいないし……」

車の窓越しに、応援に来た黒服の1人が運転手の警察官に詰めよった。警察官は、男を完全に無視している。

「ねぇ、公妨（公務執行妨害）だからどいてよ」

助手席の警察官が、パトカーの窓を開け面倒くさそうにいった。

「これで公妨になるんだな！　こっちは被害者なんだぞ。警察はやり過ぎだ！」

黒服は、警察を非難するかのように声を張り上げた。

「やり過ぎじゃない！」

さすがに頭にきたのか、車の脇に立った警察官が怒鳴った。今まで店と客との料金トラブルを民事として介入しなかったはずの警察側が、ぼったくり店側に対して強硬姿勢を貫いている。

「民事事件に介入するって……それって、いいの？」

警察官の態度が、いつもと変わっていることに気づいたのだろうか。明らかに狼狽した黒服たちは、民事不介入を頼みの綱とばかりに必死に反論した。

それだけではない。

彼らは警察車両を通すまいと、進路をふさぐように車の前に座りこんだのである。いくら飲食代回収のためとはいえ、このような暴挙は無法者《アウトロー》や破落戸《ゴロツキ》でもやらない。

警察官の表情が、怒りで強ばった。

そのとき、緊迫した場面にそぐわない小さなミニパトが現れ、サイレンを回しながら交番の前に停止した。

「キャバクラの店員諸君に告ぐ！　これ以上の妨害をやめなさい！　やむを得ない場合は、強制力を行使します！」

ミニパトからとは思えないような、厳しい警告が拡声器から響いた。

すわ一触即発かという状況に、道ゆく人たちもオレと同じようにシケハリ（見張り）を決めこみ、交番の周りには黒山の人だかりができていた。

交番の中からも警察官がゾロゾロ現れる。暴徒と化したぼったくり店側も、渋々道を開けた。

サイレンをつけた警察車両は、黒服たちを尻目に颯爽と走り去った。

「支払いはどうすんの。これ、あとで払ってくれんの」

伝票を手に、残された黒服たちが交番の警察官に迫る。だが、警察官は適当にあしらっていた。

「民事訴訟起こすから、お客さんの連絡先教えてくださいよ」

執拗に食い下がる黒服たち。

「大事な参考人の連絡先は教えられれんよ」

年配の警察官は、ポツリとつぶやくようにいった。

しばらくすると店側の弁護士らしき男が駆けつけ、「民事訴訟妨害だ！」と抗議を始めた。弁護士権限で、警察官を追いこむつもりなのか。

「キミは、さっきから本官を脅迫している。これ以上やると本当に身柄を捕るぞ」

警察官は毅然とした態度で、彼らに強制執行するとまで告げた。呆然と立ちつくす、弁護士と黒服。

（最近のぼったくり店には常駐の弁護士までいるんだ）

オレは半ば呆れ、結末まで見なければならないと思った。やがて、ギャラリーが引き上げていく。それでもオレは、しばらく交番の前に立っていた。

弁護士はとりつく島もないと悟ったのか、午後11時すぎには引き上げていった。事件は終結した。

「影野さん。みんな、バレ（解散）ましたよ。さぁ、もういきましょう」

担当編集に促され、われに返ったオレは歌舞伎町交番を後にした。のちに知ったことだが、その後、客と折衝しようと新宿署を訪れた黒服たちが「署長権限で入れない」と門前払いを喰らったという。

諦めきれない黒服たちは、さらに新宿署の入口と裏口を張りこんでもみたが、店側の動向を察知した警察側が客の身の安全確保のため車で送り、接触はできなかったようだ。

ここまでくると、もう民事事件ですまされる問題ではない。

起こす気もない民事訴訟のため、客の連絡先を訊くなどとはありえないことだ。お礼参りにこられるかもという不安で、客は恐怖するだろう。裏社会の住人に、会社や住所など個人情報を知られることは一般市民には恐怖でしかない。

「払わないと、どうなるかわかってるんだろうな」と、無言の圧力をかけているとしか思えない。これは民事を隠れ蓑にした、立派な刑事事件である。

（いつから、こんなにもぼったくり店は変わってしまったのだろう）

そんなことをあれこれ考えながら、歌舞伎町の雑踏を歩いていた。

「お客さん。どこかお探しですか」

キャッチが声をかける。先ほどの事件などなかったかのように、街はいつもの歌舞伎町に戻っていた。

「あぁ、悪いな。オレらは地元の人間だよ」

軽くキャッチをいなす。

このあとなじみのクラブ『ＡＲＭＹ《アーミー》』（仮称）でグラスを傾けたが、どうも先ほどの光景が頭に残って、いくら酒を飲んでも酔えない。

（民事不介入、訴訟問題、顧問弁護士……なんか、違うんだよなぁ）

この時期、悪質なぼったくり被害が相つぎ東京弁護士会は記者会見を開き、弁護士による被害相談窓口『ぼったくり被害１１０番』を開設したことを発表した。

開設されたぼったくり被害１１０番に、被害者が電話やメールで知らせると弁護士が警察官と一緒に現場に急行し、店側との交渉にあたるという。そのとき、委任料として1人あたり2万5千円を支払えば、被害者は交渉を弁護士に任せて帰宅できる仕組みになっている。

確かに、便利なシステムのようだが、どうも釈然としない。

歌舞伎町商店街振興組合は2016年に、「客引きは100%ぼったくりです！」などとの看板を設置し注意を促しているにもかかわらず、キャッチについていき被害に遭う客も客だと思う。

キャッチについていけば、必ずぼったくられるというのは終戦直後から連綿と続いている。

東京弁護士会は会見で、「被害に遭いそうになったときは、絶対に金銭を支払わないこと。110番通報し、助けを求めて身の安全を確保すること。ぼったくり被害110番で、弁護士に助言を仰ぐこと」と、真面目な顔でいったという。

ちょっと待てよ、と言いたい。

カネを払わないと言い張り、逆に無銭飲食犯への制圧だと反撃され、暴行を受ける可能性がないと断言できるのか！　店側の不利益になることで、警察への110番通報させてもらえるのか！　外部から隔離された店内、多勢に無勢の状況下、冷静に弁護士の助言が仰げるのか！

所詮、ぼったくりの現場を体験したことのない、弁護士の『机上の空論』である。実際、用意周到にぼったくりの土壌をつくりあげた業者に対し、このような態度で対応させるのは非常に危険な行為なのだ。

1995年（平成7年）、歌舞伎町のシェラトンというぼったくり店で、入店した客が料金の支払いを拒み、殺人事件にまで発展した例がある。

奇しくも、その店はウチの店舗である『SPORTSMAN CLUB《スポーツマンクラブ》』の隣の店だったので、事件のことはよく覚えている。

シェラトンは、ウチのような『完全ボッタ（すべてぼったくり営業）』ではなく、常連もいる『半ボッタ（ぼったくりだけではなく常連客もいて通常営業も行う）』の店だった。

従業員も一見普通の男の子たちで、どちらかといえば優良店のような雰囲気での営業スタイルだった。

そのような店でも客の態度ひとつで、このような悲惨な事件が起こりうるのである。

過去一度も、ぼったくりの現場に追い詰められたことのない無知な弁護士の戯言《たわごと》にダマされ、遭わなくてもいい災難に遭遇したり、しなくてもいいケガを負っても、彼らは責任をとってくれるのだろうか。

答えは否である。

店側も、最初のうちは弁護士や警察の顔を立て、素直な応対をするだろう。弁護士は警察官に護られて交渉の場に着くのだから、権力を傘にきての交渉だ。穏便に、民事上の和解成立となるだろう。

その後もトラブルを重ね折衝にあたるうちに、ぼったくり店と弁護士は顔見知りになり、事件が起きても馴れ合いで終わってしまうに違いない。弁護士が顔さえだせば、ゴタは解決するのだから楽な仕事である。

大人なら自らが起こしたトラブルは、自分の力で解決してほしいものである。

また、ぼったくり110番も弁護士会が無償でやっているなら、多くの市民の共感を得ることができただろう。だが、1時間以内で解決する程度の料金トラブルで、弁護士は時給2万5千円の対価を得る。これは、一般的な弁護士の相談料の相場である1時間1万円をはるかに超えている。

弁護士としてのビジネスの一環としてやるならそれもいいが、人助けの意味合いを持って行うのなら、まずは客の身の安全を第一に考え、無責任な発言はやめてもらいたいものである。窮鼠が猫をかむこともある。ぼったくり業者らも、必死なのだから……。

（時代が変わった、ということか）

オレは勝手に結論を出していた。

オレは1979年（昭和54年）、大阪から大学進学のため上京した。浪人中のバイトで大阪の風俗業界に入り、大学が決まってからは歌舞伎町でぼったくりをはじめた。

以来38年間（内3年間は社会不在）、歌舞伎町一筋の人生である。

新風営法施行などピンチも多々あったが、歌舞伎町ではぼったくり店の最大手に成長し、警視庁新宿警察署から『Kグループ（影野グループ）』などと呼ばれマークされるようになる。若かったのだろう。野心に燃えていたオレは組織拡大と利潤追求のため、かなり悪質なぼったくり営業を行なっていた。

1度でぼったくった金額の最高は700～800万円ほど。1店舗で獲れない場合は、5店舗をたらい廻しにして全額いただいたことも数えきれない。最盛期には歌舞伎町だけで5店舗のぼったくり店を経営し、年商8～10億円もの売り上げをあげ、ほかにもポーカーゲーム店などを経営した。

歌舞伎町だけでなく、池袋、上野、赤坂、渋谷、錦糸町などで風俗などの裏商売を拡張していた。まだ30代前半だというのに、月収は2千万円を超えていた。

オレはこの世の春を謳歌した。だが、いつまでも繁栄する裏商売はない。

1999年（平成11年）40歳で逮捕。懲役4年6ヶ月の実刑判決をうけ、新潟刑務所に服役することとなる。

逮捕時、各メディアは『梅酒1杯15万円』事件とデカデカ報道した。

なんとも、エキセントリックなキャッチコピーではないか。このKグループ摘発を機に、『ぼ

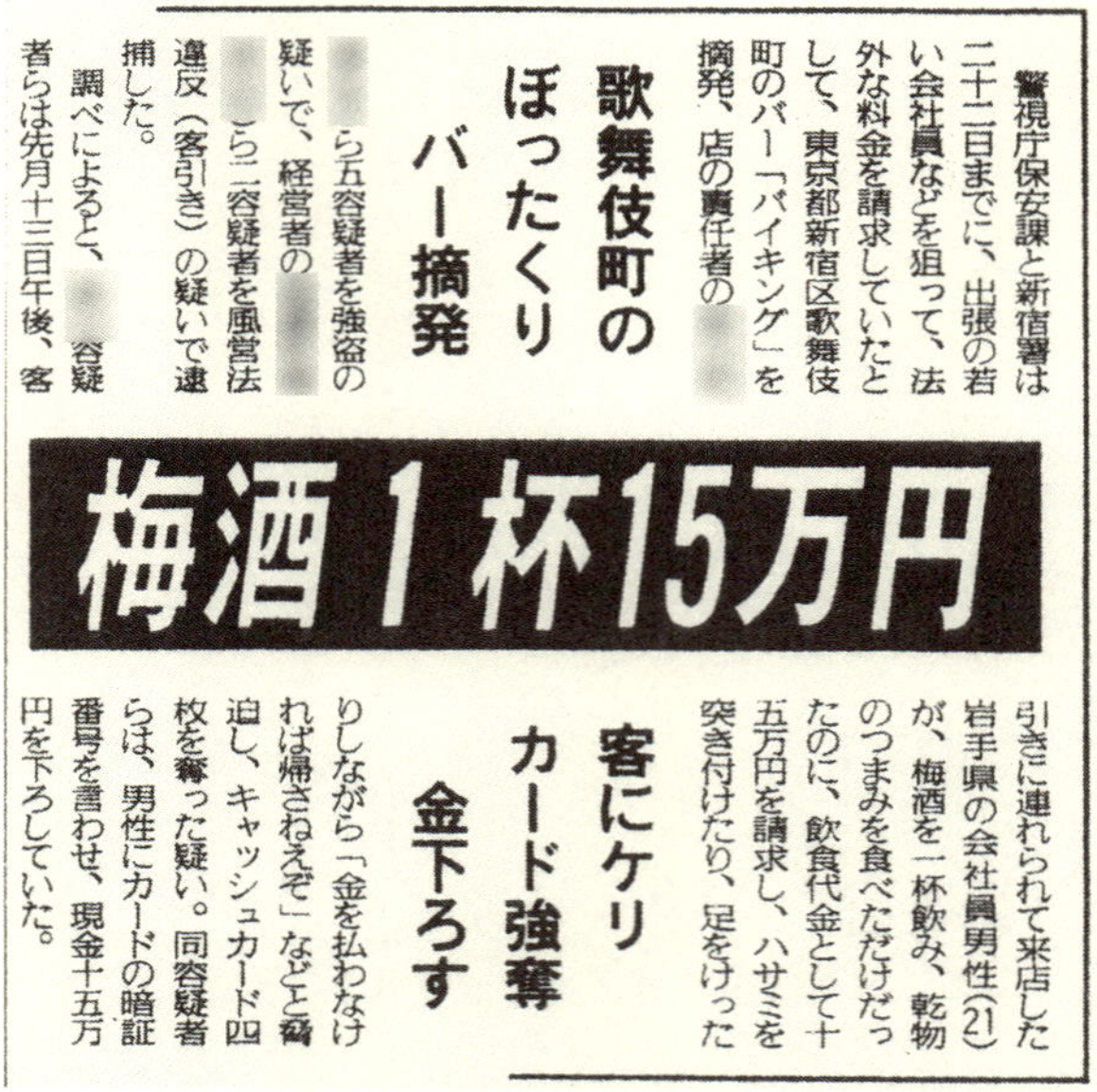

梅酒1杯15万円

歌舞伎町のぼったくりバー摘発

警視庁保安課と新宿署は二十二日までに、出張の若い会社員などを狙って、法外な料金を請求していたとして、東京都新宿区歌舞伎町のバー「バイキング」を摘発、店の責任者の[redacted]ら五容疑者を強盗の疑いで、経営者の[redacted]ら二容疑者を風営法違反（客引き）の疑いで逮捕した。

調べによると、[redacted]容疑者らは先月十三日午後、客引きに連れられて来店した岩手県の会社員男性(21)が、梅酒を一杯飲み、乾物のつまみを食べただけだったのに、飲食代金として十五万円を請求し、ハサミを突き付けたり、足をけったりしながら「金を払わなければ帰さねえぞ」などと脅迫し、キャッシュカード四枚を奪った疑い。同容疑者らは、男性にカードの暗証番号を書かせ、現金十五万円を下ろしていた。

客にケリ カード強奪 金下ろす

当時センセーショナルな話題となった『梅酒１杯１５万円』事件の記事。
これで歌舞伎町のぼったくりは全国区となった

ったくりの帝王』なる異名までいただいたのである。

しかし、営業は同じぼったくりであっても、オレが逮捕直前まで続けてきたぼったくりと、いま彼らが行なっているぼったくりとは明らかに違う、異質なものを感じずにはいられなかった。

この日、オレの目前で繰り広げられた事件が、本書の執筆を決意させた。

新宿歌舞伎町——目次

第四章

ハニートラップ、そして警察との蜜月関係

凶悪なる歌舞伎町キャッチ
被害者1　キモオタくん編
職人肌のポン引き
被害者2　上京フリーターくん編

歌舞伎町のハニートラップ
歌舞伎町で1万人をハメた女帝
おバカキャラの売れっ子ガールキャッチ・ノンナンコンビ
警察との〝互助〟関係
歌舞伎町の掟と警察官の大岡裁き
差し入れの落し物

第一章

復活したぼったくり

〝最高級〟キャバクラ『LUMINE《ルミネ》』と7人のサラリーマン

「あら、いらっしゃい。お久しぶりね」

クラブ『ARMY』のママ・宇都宮ゆさみ（仮名）が、入店後しばらくして席に着いた。

「影野さんがきたら、話そうと思ってたのよ。ぼったくりでウチも大変だったのよぉ」

ゆさみママは、意味ありげな笑みを浮かべた。

隣の席では、オレと一緒にいた担当編集者が先ほどの歌舞伎町交番でのできごとを面白おかしく語っている。ホステスたちも、目を輝かせて聞き入っていた。

同じ歌舞伎町で多発している事件だけに、ホステス全員が興味をもっているようであった。実際、『ARMY』に向かう途中で、ぼったくり被害に遭った常連客も少なくはない。中でも、ゆさみママの常連客のぼったくり被害は壮絶だった。

「影野さんは、キャバクラ『LUMINE』って知ってる。最近、よくテレビに出ている」

ゆさみママが、唐突に切りだした。

「あぁ、なんかDQNみたいなヤツがいる店だろ」

確か、『LUMINE』については、ある雑誌でぼったくり特集をした際にコメントを求めら

実際の『LUMINE』の領収書。総額80万円を16万円の領収書5枚に分けた

れた。

テレビ朝日が歌舞伎町のぼったくり事情を特番でやっていて、リポーターが歌舞伎交番前でぼったくり店の黒服にインタビューを試みたものだった。男はカメラの前で快気炎をあげていた。それが、超高級（?）キャバクラ『LUMINE』の責任者を名乗る人物であった。これを機に『LUMINE』は、一躍、歌舞伎町ぼったくり業界の有名店となる。

「ワタシのお客さんが、その『LUMINE』でぼったくられたのよ。ほら……」

ゆさみママは、ボーッとしていたオレにスマホの画面を向けた。オレは目を凝らし、画像を見た。写メには額面16万円の領収書が写っていた。

「えっ、16万円。これって、ぼったくりなの」

金額的に、ぼったくりと大騒ぎするほどの金額ではない。オレは訝《いぶか》しげな表情でママを見た。

「違うわよ。これと同じものが5枚あるのよ。つまり、80万円！」

ママは、目を大きく見開いていった。キャバクラ『LUMINE』でぼったくり被害に遭ったのは総勢7人。全員が、クラブ『ARMY』の常連客だった。

被害当日は、会社を定年退職した上司2人の慰労会だったという。1次会からの流れで、2次会をどこで行うかということで意見がわれた。

定年された2人はともに65歳。無事定年退職をはたし、送られる側であり年齢的にも分別のつく年ごろ。自分たちから、どこそこにいきたいというような希望はなかった。ただ、最後となる出勤日ぐらい想い出に残るような記念の日にしたい、という気持ちだけは誰よりも強かったことだろう。

2人には直属の部下が3人いたが、全員がアラフォー世代で不動産購入や子息の進学などで、金銭的にも1番大変な時期の中間管理職だった。当然、自分のカネで飲むことは少なく、接待費で飲むのが楽しみのどこにでもいる平均的な社用族であった。

だから、いくら元上司の定年の日とはいえど、会社の経費で落とせる店以外いく気はなかった。

残った2人は、ともに20代の若手2人組。若さからなのか、彼らは遊ぶことに関しては仕事以上にアクティブだった。

「こんな日ぐらいは、先輩方とパッと歌舞伎町のキャバクラで騒ぎたいですね」

遊びたい盛りの最年少、27歳の桑江明（仮名）くんがいった。桑江の同僚の安里良則《あさと》（仮名）くんも小さくうなずいた。

困ったヤツらだなぁというような表情で、元気な若者らの意見に耳を傾ける年長者組。長年勤めあげた会社の最終日ぐらい、前途有望な若者とハメを外し、飲んでみたいとでも思ったのであろうか。

魔がさしたとしか思えない。

いつしか7人は、当初の二次会の予定であった大手町のダイニングバーをキャンセルし、歌舞伎町に向かっていた。

結果、二次会を歌舞伎町にしたことが、めでたい送別会を泥沼のメモリアルデーにしてしまうとは、この時点では知る由もない。

不幸な運命が迫っているとはつゆ知らず、7人のサラリーマンは30分後、歌舞伎町に到着した。時刻は、午後8時40分を過ぎたころだった。

「お客さん。どこか、お探しですか？」

歌舞伎町をブラブラ歩くこと10分。折目正しくスーツを着た若いキャッチが、先頭を歩く若手2人組に声をかけた。客引きには気をつけてねと、常日頃から『ＡＲＭＹ』のママからいわれている。2人はママの言いつけを守り、キャッチを無視して歩いた。

「4千円。いや、団体さんなら1人3千円で結構ですよ。1時間飲み放題だし、追加料金はいただきません」

キャッチは執拗に食い下がった。

「おい、本当に3千円でいいのか」

突然、定年退職を迎えた大畠美智男（仮名）翁がキャッチに訊いた。

「は、はい。もちろんです！　何人おられますか。1、2、3……6、7人。じゃあ、2万1千円で！」

釣れた！　と思ったことだろう。キャッチは、大畠翁の方に向きなおった。

「本当に大丈夫なんだろうな。いくらぼったくっても、カネなんぞ払わんからな」

酔っていたのだろうか。さすがに、安保闘争など騒乱の昭和の時代を生き抜いた団塊の世代は豪気であった。まるでキャッチを脅すかのように話す。

「もちろんですよ」

キャッチは、満面の笑みを浮かべていった。

「ただ、ですよ。もし1時間経って楽しかったら、延長して飲んでいってください。そのときは多少追加料金はかかりますよ」

「じゃあ、1時間飲むだけなら3千円でいいんだな」

大畠翁は、念を押すように再確認した。

「もちろんです。ウチがぼったくりなら、追加料金がありますよ、などと最初にいいますか？　楽しくなければ帰ればいいんです。ウチは女の子の質もいいですし、サービスも徹底してます。今回は3千円でも、次回も必ずきていただけるだろうと自信を持っています。だから、セットで帰ってもらってもぜんぜんかまいません」

7人は催眠術にかけられたように、キャッチの話に聞き入った。

キャッチがいうには、自分はマネージャーであり店はリニューアルオープンしたばかりである。実質の責任者だから、常連さんを増やすためのサービス期間として自らが客を引いているのだそうだ。さしあたっては低料金で店のサービスを満喫してもらい、次回からは通常の料金で遊んでもらおうと、常連客確保のための激安キャンペーンを実施中であるといった。

見た目は誠実そうな人柄で、人を騙すように男には見えなかったとは桑江くんの後日談だ。人のいい桑江くんなどは、もしかわいい子がいたらシンネコ（こっそりと）で遊びにきてやろうと期待に胸を膨らませたそうである。

そして、午後9時に入店し2時間後の午後11時少し前。彼らは真っ青になって会計票を見た。

「ひゃ、150万円！　もしかしたら、ぼったくり！」

7人はニュースでしか知らなかったぼったくりを、今、まさに体験しているのである。

(夢を見ている?)

まさか、自分たちが……。とても信じられない。だが目の前には、現実問題として日焼けし、短い金髪、まさに悪羅悪羅系の責任者らしき男が、伝票を手にもって席に着いている。

「ウチの料金システムを説明させていただきますね」

若い悪羅悪羅系は、見かけによらず落ち着いた口調で話し始めた。接客していたキャバ嬢は、ほとんどが席を外している。悪羅悪羅店長はメニュー表を7人の前に置き、伝票に間違いがないか照らし合わせた。

「け、警察で話しましょう。ボクらは1人3千円ポッキリといわれ、この店にきました。客引きの人を呼んでください。こんなムチャクチャな会計はありえない。話がぜんぜん違う。警察へいきましょう」

ひと通りメニューと伝票をチェックした富永浩介(仮名)課長が、声を震わせながら異常に高い店の料金システムにクレームをつけた。

「わかりました。それでは、警察で話しましょう」

悪羅悪羅店長は、自信たっぷりに立ち上がった。

(マジ!)

警察に行くといっているのに、なぜ平然としているんだと7人は思ったという。一抹の不安を胸に、富永課長ら7人と店のスタッフ数人が歌舞伎町交番に向かった。時刻は、すでに11時を回っていた。

歌舞伎町交番の奥には、3室の取調室がある。室内の真ん中にはデスクが置かれ、奥に被疑者が座り、手前側に警察官や刑事が座って事情を聴取する。交番でも、7人を代表し富永課長が店側との折衝にあたった。ほかの6人は、交番の前で課長からの朗報を待つ身となる。

「それがね、なんかおかしいんだって。普通、犯人側が取り調べをうけるように奥のイスに座らされるでしょ。店側をぼったくりで訴えようとした富永さんが、店の人にいわれ奥に座らされたんだって」

ママは、当時を思いだしたかのように興奮して話す。

2人が向き合うと、警察官が「お互い、よく話しあってね」とだけいって、取調室を出た。

（あれ、なぜ警察官がいなくなるんだ）

狭い個室に悪羅悪羅な男と2人きり。ドアが閉められ、なにをされてもわからないシチュエーションに、富永課長は恐怖を感じずにはいられなかった。

「あの、店の方と話はしますが、警察の方は立ち会ってくれないんでしょうか」

富永課長は、たまらず取調室を出て警察官に尋ねた。ところが、警察官は「警察は民事事件には介入できないんだよ」としか答えない。取調室でうすら笑いを浮かべる、悪羅悪羅店長。

「そ、そんな……」

警察官に見捨てられた富永課長は呆然とした。それでも、話し合わなければ問題は先には進まない。

まず、富永課長は1人3千円で7人で2万1千円ポッキリで飲ませるとキャッチと約束したことを告げた。それなのに、会計は150万円という常軌を逸した金額。あきらかにぼったくりだと判断したから支払いを拒否して交番にきたのだと主張した。しかし、店側はキャッチとは無関係で、客を引いた者の言い分はまったくのデタラメであると反論した。

さらに富永課長の席の担当責任者は自分であり、伝票につけた料金はメニューに記載されているもので、すべてホステスが許可をもらって注文している。また、伝票にあるサービス料などは店の会計システムで、ぼったくりではなく正当請求金額であるという。

もともと『LUMINE』は、歌舞伎町の高級店を売りにしている。高級キャバクラで有名な『LUMINE』が、富永課長ら7人にだけ1人3千円というゴミキャバ（安くてスナックに毛の生えたようなキャバクラの蔑称）並みの低料金で飲ませるわけもなく、いつも常連さんからいただいている金額と同等の料金を7人に請求しただけであると主張した。

払え、払わないでゴタは一進一退。交番での話し合いはすでに1時間が過ぎ、時刻は午前0

時になろうとしていた。

（なんでこんなことになったんだ）

富永課長は取調室で頭を抱えたという。

いくら請求が『LUMINE』での正規の料金であっても、7人には150万円などという大金を支払うべき術がない。困った富永課長は取調室を出て、恥を忍んで『ARMY』のママに相談することにした。

「それで、ワタシに電話がきたわけ。で、おまわりさんに代りなさいって」

普段、ニコニコとした笑顔しか見たことがないママの顔が、今日は怒りで目が吊りあがっている。

「いや、あの店は高いんですよ。確かにクレームも何件もきていますがね、われわれも警察官ですから店の料金についてはなにもいえないんですよ」

電話を代った警察官は、飲み屋の料金上のトラブルには警察の権限が及ばないことをママに伝えた。確かに、警察側が店の料金を決めることになったら、資本主義社会の商売は崩壊してしまう。民事的な料金の設定に警察が介入するようになれば、定められた料金は強制となる。サービスがよかろうが悪かろうが、警察が決めたことだけに一般市民が不服をいうことはできない。たとえていうなら、交通違反などの罰金と同じとなってしまうのだ。だから、国家権力の庇護下にある警察は、民事介入してはならないのである。

歌舞伎町が安く楽しく飲める店ばかりなら、このような苦情が交番に殺到するわけがない。

「だって、今、アナタ。クレームがよくくるっていったじゃないの。なぜ、そんな店を野放しにしているの」

ママは、警察側の弱点を鋭く突いた。

「料金が高いからといって、それだけで店を取り締まるわけにはいかないんですよ。わが国は資本主義社会でありまして、その……料金を決めるのは店側でして……」

ゆさみママの糾弾に、警察官はしどろもどろだったという。

もし、歌舞伎町の店舗がすべて資本力のある大企業などで運営されていれば、低料金でも満足できるサービスを提供できるかもしれない。しかし、資本力のない個人事業主の多くが経営者となっている歌舞伎町において、サービスにはそれなりの付加価値をつけて利益を生むように営業しなくてはならない。

利潤の追求が資本主義であって、商売は客を喜ばせるためのボランティアであってはならないのだ。

歌舞伎町という土地柄、家賃は高い。また酒代や、ホステスや黒服などの人件費の高騰。民事上のさまざまな要因が重なって、高い安いなどと店と客との間にゴタが生まれる。だからこそ、キャッチなぞ使わずとも店に通ってくれ、ときとしてムリを聞いてくれる常連客は店の宝なのである。

「そこにいる人たちは、ワタシの店の大切なお客さんですよ！　はやく帰してあげてください！」

水商売にとっては至宝である、大切な常連客の危機。ママは必死に訴えたが、警察官は「お互いに話し合って決着をつけてもらうしかないんですよ」と繰り返すばかりである。

「どうも、そういうことらしいんだ。まぁ、なんとかするから……」

困り果てた警察官から電話を代った富永課長は、周囲を気にしながらささやくようにいった。

「ダメよ！　そんな、ぼったくりに！　今、交番なのね。ワタシが行って話をつけたげるわ！」

怒りのあまり、ゆさみママは今にも飛んできそうな勢いだった。

「ちょ、ちょっと、それはできないよ。オレたちの問題だし、なんとか自分らで話をつけるよ。それでもダメだったら、またママに相談するよ」

警察側に助言を求めても、なんとかお互いに合意したところで支払って、今日のことは今日中に収めた方がいいというニュアンスしか感じとれない。

「弁護士に相談して店側と争うか。それとも諦めて、この場で支払うか。2つの選択肢しかない。どちらかに決めよう」

富永課長は、交番の外で待っていた6人を集めていった。結果は満場一致で、歌舞伎町交番で支払うことに決定した。もし、会社側に今回の事件が露呈したら、サラリーマン人生の致命的な汚点となる。定年を迎える2人は関係ないとはいえ、会社に残る5人は降格とはいわないまでも、始末書の提出などなんらかの処分をうけなくてはならないだろう。小さなミスでも、出世コースから外される可能性もある厳しいサラリーマン社会。ぼったくりに遭ったぐらいで人生を狂わせたくない。

7人の利害が一致し、納得はできないが店側の請求した料金を払うことで合意した。各自ATMにいき、現金を引き出す。結局、『LUMINE』入店から支払いまでに3時間を要し、7人は交番をあとにした。時刻は午前2時を過ぎていた。

7人は飲み直しのため、終了していた『ARMY』を訪れた。心配したママは店に残り、みんなを待っていたという。

「おつかれさま。大変だったわね」

ゆさみママは、疲れはてた7人に慈母観音のような笑顔を向けた。

「ママ、迷惑かけたね。歌舞伎町にきて、『ARMY』に内緒でキャバクラにいこうとしてバチがあたったんだ。本当にゴメン」

7人がママに謝罪した。それからママの主催で、ささやかな三次会が居酒屋で開かれた。緊張の糸が切れたのか、7人は普段以上のハイペースで酒を飲んだ。

酒席では事件について、それぞれがお互いの意見を交わし合った。話の中心となったのは、やはり料金交渉役の富永課長だった。

「でね、富永さんがネバって、キャッシュで払うかわりに80万円にまけてもらったらしいの。それを聞いて、ワタシもホッとしたわよ」

ママの表情が和らいだ。

「高い店、高級店で売っている店が、キャッシュで払うからって半額近い金額にまで料金を下げるかい。バナナの叩き売りじゃあるまいし……。そもそも泣き半（お互いが半分ずつ泣くこと）にした時点で、ウチはぼったくりですよ、と公言しているようなものじゃないか」

オレは、ママの喜びに水を差すようにいった。

あらかじめ値下げすることを承知で、料金を高めに請求しているのは明らかである。これは『LUMINE』が普通のキャバクラではなく、ぼったくり店であるということを証明している。

「確かにねぇ。真っ当な店なら、おカネがないからって安くしないわよね」

ママはオレの見解に、納得したようにうなずいた。

「でも、そのときの富永さんが、5回にわけて1回16万円ずつくらいなら経費で落とせると、とっさに判断したのね。いくら責任ある立場といっても、接待で1回80万円は落とせないわよ」

「あぁ、なるほど……」

さすが、エリートサラリーマン。一流企業のサラリーマンらしく、自らの懐が痛まないようにケジメをつけたのである。

「やっぱり大手の会社は違いますね。ボクら、3万円の経費を落とすのに苦労するのに……」

横で聞いていたオレの担当編集者は、羨ましそうにつぶやいた。こいつもプライベートなトラブルを会社の経費を遣い、回避したことが何度もある悪質な社用族だ。

富永課長の機転で、彼らの会社以外は誰ひとりとして被害を被ることはなかったのである。

7人のサラリーマンは、その日1日でいろいろ学んだはずだ。この経験を最後に定年退職を迎えた2人は、今後も余生を安穏として生きていけないぞと、フンドシを締めなおしたことだろう。また、歌舞伎町のキャバクラ遊びを進言した若者2人も、甘い話には気をつけないといけないぞ、と自らを戒めたことだろう。なによりも先輩がトラブルを解決してくれたことに、畏敬の念を抱いたに違いない。そして中間管理職の3人は、今さらながらに大手企業に勤めていることに誇りを持ったことだろう。

『よらば大樹の陰』である。

「いい勉強になったと、みんながいってたのよ。ま、男の子だから、それもいいかなと……だって、ここは歌舞伎町なんだもの」

ママの顔からは怒りが消え、穏やかな表情にもどってうなずいた。オレも黙ってうなずいた。人生にムダな経験はない。ぼったくり店で人生最大？のトラブルを免れた7人は、貴重な体験を活かし、いかなる逆境をも乗り切れる強いサラリーマンとして成長していくに違いない。

さて、その後のキャバクラ『LUMINE』であるが、やはり摘発されたようである。もちろん、責任者も逮捕されている。

「オレは、絶対つかまらんから！」

などと自信たっぷりに語る姿や、リポーターを威嚇する独特なパフォーマンスを披露し、視聴者に強烈なインパクトを与えた姿が、今となっては懐かしく思える。彼は自転車で走り去っていき、自前の自転車のフレームには『ぼったくり』とロゴが入っていた。なかなかおもしろいヤツだったが、いくらぼったくり稼業とはいえ、交番前でメディアを相手にしての警察への宣戦布告ともとれるような発言は軽挙妄動ではなかったのか。

彼の言動は、国家権力の権化ともいうべき警察への挑発としか捉えられないからだ。ぼったくりは民事事件であって、警察の介入する余地はない。

確かにそうである。

しかし、「ワタシたちがやっているのはぼったくりですよ」と、マスコミ相手に公言すれば世論が騒ぐし、警察が黙っているわけがない。

「警察や国家権力をナメるな！　いかなる法律であっても、自分たちのメンツを守るためだったら、摘発がムリな事件でもパクってしまうからな」

常日頃、オレはいっていた。無理が通れば道理が引っ込む、という。道理にかなわない不正が平然と行われるようになれば、正しいことが通用しなくなってしまう。

つまり、警察がムチャを承知で事を行おうとするときは、それが一般には受け入れられない行為だとしても、反抗しない方が身のためだということだ。

それが、国家権力なのである。

報道後、メンツを重要視する警察のぼったくり店への対応が変わり、何軒もの店が摘発の憂き目を見た。

ニューウェーブ

本来、究極のぼったくりとは、客にぼったくられたことを気づかせないで料金を支払わせることであると、オレは考える。

以前、ウチの店で若いピン（単独）の客が150万円を支払った。会計など、相手をしたのはオレであった。板前修業中の青年で、「若くして成功した人と飲めるなんて嬉しいです」と、気持ちよく払ってくれた。帰りぎわ、「また、おカネ貯めたらきますんで……」と、満面の笑顔でオレの手を握り締めた。本当に、ぼったくられたことに気づいていないようであった。

このように、すべてのゴタは店内で処理するのが当時の基本で、できるだけ納得させて帰らせることに最善を尽くす。

売掛けも付け馬（自宅や会社まで客と一緒に取り立てにいくこと）もしないで、今、客の支払い可能な金額だけで終わらせる。

100万円請求しても、20万円しかなかったらそれで完済。1万円しかなかったら、悔しいが客を見る眼力がなかったとして1万円で諦めるしかない。

それが、オレたちの時代のぼったくりだった。だから、バンコウやマンモス（新宿四谷署合同派出所の通称）などの交番を利用してのゴタなど考えもつかなかった。

ただ警察を利用するゴタは、店の客の回転がよくなるという利点がある。店内から客を交番に連れていくので、席が空き新たに客を入れることができるからだ。しかも、交番の取調室で話し合うのだから、客が逃げだす心配はない。

利点は利点として認めても、オレは昔のぼったくりの方がゴタに対して情があったように思う。客との駆け引きや、料金回収後のフォローまで……人間味あるやりとりやウィットに富んだ会話があった。さんざんモメて最後には相手の言い分を論破して、全額支払わせたときの爽快感。これは、何事にも代えがたいものであった。客が苦笑いしながら、「アンタには参ったよ」と払ってくれた瞬間、無上の喜びが胸にこみあげてきたものだった。店と客との知恵くらべというか、ゴタというディベートを楽しんでいたというか、ゲームにでも向かうような遊び心があった。

今風のゴタは、国家権力をうまく利用し法解釈の盲点を突いた巧妙な手口だ。権力を味方につけてしまうのだから、これほど堅実なゴタの処理法はないだろう。

しかし、オレには姑息な手段としか思えてならない。

その上、当日カネが獲れなかったら、売掛けにしたり民事訴訟に持ち込んだり、付け馬してまで取り立てにいく。立会人となるのは、和解調停の場（交番）を提供した警察官だ。「そこまでやるんかい！」と、叫びたくなる。

コテコテ昭和生まれであるオレの理解の範疇を超えている。

まあ、ジェネレーションギャップというか、時代の推移によってぼったくりも変わっていくということだろう。

オレは否定もしないし、肯定もしない。ただ、これも歌舞伎町のぼったくりの歴史を彩った1ページであるのだから、史実は史実として遺しておくべきだろう。

ママは、しゃべるだけしゃべったら、満足したのか席を立った。

「あら、影野さん。いらっしゃい」

ママに代って席に着いたのは、オレと20年以上付き合いのあるホステス野中ゆう子（仮名）だった。

「ねぇねぇ。最近、歌舞伎町ってスゴいわね。ぼったくりばかりで」

ゆう子の口切りも、やはりぼったくり話だった。

「また、ぼったくりかい。ほかに楽しい話題はないのかい。ちょっと艶っぽい話とかよ」

毎回毎回ぼったくりの話で、オレは食傷気味だった。

「だって、ワタシのお客さんの知り合いがぼったくりに引っかかって、その店が摘発されて、ニュースにまで出たんだよ」

「あっ、そう。残念だろうけど、相手はすぐ出てくるよ。初犯なら、20日でパイ（釈放）の在略（略式裁判）の罰金30万円程度ですむんじゃないかな」

「えっ、たったそれだけ！　罰金30万円って……それじゃ、刑務所とかいかないの。だって、影野さんらは刑務所行ったのに」

ゆう子は、驚いたように声をあげた。

オレが強盗でアカオチ（刑務所に下獄すること）した翌年の2000年（平成12年）11月、東京都は「ぼったくり防止条例」を全国で初めて施行した。

対象となるのは『新宿・歌舞伎町』を中心に、『池袋』、『渋谷』など公安委員会が指定した大きな繁華街を持つ地域で、酒を提供して客を接待する店や性的サービスを提供する店を対象にしている。そして下記条項を、ぼったくり防止条例の大まかなガイドラインとして挙げた。

・料金などを客に見えやすい形で店内に掲示する。
・客を勧誘する際、実際よりも安いと誤認させるような言葉の禁止。
・料金請求の際、乱暴な言動の禁止。
※条項に違反した場合、6ヶ月以下の懲役。または50万円以下の罰金となる。

右記ぼったくり防止条例を歌舞伎町で施行したことが、のちに新時代のぼったくりを生んだといっても過言ではない。

実際、われわれの事件『梅酒1杯15万円事件』も、今なら罰金ですむか、数ヶ月の懲役判決に執行猶予がつく温情判決となったはずだ。

ところが、検察側がオレたちのぼったくりを強盗と捉え、強引に公判請求（起訴）がなされ実刑判決が下された。これには、現場で陣頭指揮をとった警察側が困ったという。

ぼったくり＝強盗としての判例ができれば、ささいな料金トラブルでも刑事事件となり、ぼったくり店を強盗や恐喝で挙げなくてはならない。そんなことにでもなれば、刑務所は過剰収容となってしまう。

そもそもぼったくりとは、「このサービスに、この料金は高い」という、店と客との間に生じた民事上のトラブルである。極端にいえば、普通の飲食店でもぼったくりが起こりうる。たとえば生モノを時価でだす、高級料亭や寿司屋割烹などがそれだ。客が寿司屋でネタが悪いと感じたのに、高額な料金を請求されたことによるクレーム。これも、ぼったくりの一種である。

オレが二十代のころ、歌舞伎町交番で寿司屋のゴタとかちあったことがある。

歌舞伎町とは、そのような街なのである。

過去の例から鑑みて、ぼったくりを刑事事件と扱われては困ると杞憂した警察側から、『ぼったくり防止条例』の草案が提出された。

オレが起訴されてすぐのことであった。

「オマエのおかげでぼったくり防止条例ができたよ」

オレを単独押送（護送車ではなく1人で行刑施設に移送されること）で東京拘置所まで送ってくれた、新宿署の生安（生活安全課）の担当刑事がポツリとつぶやいた。かくしてオレは『ぼったくりの帝王』以外に、『ぼったくり防止条例をつくった男』という栄誉ある？　称号まで与えられたのである。

だが、警察を利用するというぼったくりニューウェーブの来襲は、ぼったくり防止条例を施行したことによって築かれたものだということを知る人は少ない。

ハイブリッドぼったくりの誕生

オレとの付き合いが長いわりに、意外にぼったくり事情に無知なゆう子は目をパチパチ瞬きながら訊いた。

「じゃあ、Kグループ逮捕以降は、ぼったくりだからといって刑務所にいかなくてもよくなったのね」

無邪気な表情で尋ねる、ゆう子。

「そんなことはないさ。民事不介入だと調子にのってやりすぎれば、誰でも強盗や恐喝で捕まるさ」

オレは、ゆう子にでもわかるように一般論を述べた。

ゴタに直面し、いきすぎた料金回収さえしなければ強盗や恐喝など刑法にある罪で捕まることなく、悪くともぼったくり防止条例違反で摘発されるだけである。セイアツ（制圧行為＝無銭飲食を防ぐために行った行為）も、度を過ぎてしまえば暴力と捉えられてしまうのだ。最近でも、オレたちと同じように強盗で捕まった店もある。それが、キャバクラ『グランドール』の摘発だった。

2015年4月20日、歌舞伎町のキャバクラで客を監禁して現金約36万円などを奪ったとして、警視庁新宿署は強盗と監禁の疑いで住所不定の自称キャバクラ店店長をはじめ従業員の男ら4人を逮捕した。

彼らの逮捕容疑は同月18日午前1時15〜55分ごろ、東京都新宿区歌舞伎町のキャバクラ『グランドール』で40歳の公務員男性を監禁し、暴行を加えた上で現金36万2千円とキャッシュカードなどが入ったカバンを奪った疑い。容疑者らは、現金を奪ったことなど容疑の一部を否認した。新宿署によると、被害者は歌舞伎町で客引きに「女の子がついて、2万円でホテルもあるよ」と誘われ、17日午後11時ごろ入店。

ホステスの「5万円でホテルに行こう」という誘いを断ると、店長に「女を替えるなら8万円、キャンセルなら15万円払え。コンビニに行ってカネを下ろしてこい」と要求されたという。被害者は粘ったが、根負けして従業員2人に連れられコンビニへ。

店内のATMでキャッシングすることを強要され、スキを見て「警察を呼んでください！」と大声で救いを求めたが、2人に羽交い締めにされ店に連れ戻された。店に戻されてからは扉に鍵がかけられ、容疑者たちから殴るなどの暴行を受け、現金の入ったカバンを強奪された。

その後、匿名の通報を受けた警察官が店に到着。被害者に大きなケガはなく、カバンも取り返せたが現金などが消えていたという。

同店については14年12月の営業開始以来、料金トラブルをめぐる110番通報が11件寄せられていたが、立件には至らなかった。

捜査関係者によると、被害者は入店時に2万円を払い、店内で酒も飲んでいなかった。捜査幹部は「店は最初からこういう展開にすることを仕組んでいた」とみて、容疑者らの調べを進めている。

このグランドールの事件などは、最近の歌舞伎町のぼったくりのあり方が顕著に表れている。ぼったくり店と売春の融合、それをオレは『ハイブリッドぼったくり』と呼んでいる。

２０１４年（平成26年）3月31日の年度末あたりからぼったくりの取り締まりが徐々に厳しくなり、このような抜け道が考案されたのであろう。

ハイブリッド車の燃費がいいように、ハイブリッドぼったくりは営業にムダがない。店外にデートもできるし、店を出ない客ならばキャンセル料などといって店内でぼったくり営業に豹変する。女の子のサービスがよければ常連もできるし、ぼったくるだけぼったくっても最後に女の子を抱かせてフィニシュ。哀しい男のサガか、イクだけいったら少々ふっかけられたのがわかっていても、怒りなど収まってしまう。

昔、銀座の高級クラブなどに、『特攻隊』という特殊部隊があったという。飲むだけでは満足できない、どうしてもSEXしたいという客などを接待するために設けられた、ホステスたちの別働隊だ。ハイブリッド営業も、これに似ている。

銀座の高級クラブで接待されたといっても、所詮は男と女。酔えば女が欲しくなるのは、男の生理現象である。店側も女さえ抱かせておけば、客も喜びトラブルは回避でき一石二鳥だ。世の中、男と女が肉体関係を求めるのは自然の摂理なのだ。

だから、歌舞伎町でキャッチが客に声をかけるとき、必ず最初に「飲み（キャバクラ）ですか、オンナ（SEX）ですか」と訊く。つまり、歌舞伎町にくる人たちのほぼ70％は、酒とオンナが目当てなのだ。

さて、ハイブリッドぼったくりを説明する前に、まずキャッチとポン引きの違いを解説する必要がある。

ぼったくりを会社とすると、店舗は本社事業部にあたる。客を連れてくる客引きは営業部だ。客引きは、キャッチとポン引き。さらに数は減っているが、キャッチガールと、外国人系キャッチの4グループに分かれる。キャッチガールと外国人系のキャッチについては、のちに語るとして先に進ませていただこう。

キャッチはぼったくり店と専属契約を結び、契約店にのみ客を入れ、他店には入れなかった。

ポン引きは歌舞伎町の中でグループを組み、女の子を待機させて売春目的の客のみをホテルへ案内していた。この2者が、歌舞伎町の客引きの主流だったが、今はキャッチとポン引きの区別がない。

石原都政によるクリーン化が影響し、廃墟のようなネオン街となった歌舞伎町から客足が遠のいた時期があった。加えて、客引き防止条例（2013年）施行による影響。日本一の歓楽街・歌舞伎町を、かってないほどの不況が襲った。稼げなくなった客引きたちは、キャッチはポン引きとしてウリ（売春）の女に客をつけ、ポン引きも客をぼったくり店に案内するようになった。キャッチとポン引きがお互いの垣根を外し、歌舞伎町で自由に仕事をするようになったのである。そんな風潮をうまく利用したのが、ハイブリッドぼったくりなのだ。

前述したキャバクラ『グランドール』は、ぼったくり店でありながら客の希望によっては、ホステスを店外に連れだすこともできるシステムを採用していた。

デートクラブ方式だと、ホステスには客に接客させても時給は払わなくてよい。おかしなもので、いくらカネに渋い客でも1度サイフを開かせると、堰を切ったように追加料金を払いだす。デート代を支払った時点で、客を意のままにボレるのである。あとは店外で腕によりをかけてサービスすれば、チップは取り放題となる。時給で稼ぐホステスより、数段も稼げるのだからたまらない。

今回の事件でも、店は被害者から入店時にデート代と称して2万円を受け取っている。店でしばらく客に飲食させ、店外にデートするホステスを選ばせるのである。前金で2万円を受けとっているので、店が赤字となることはない。

ただ、追加料金の5万円を支払わなければ、デートで店外に出ることはできない。しかもデートに出ない場合は、キャンセル料として15万円を支払わなくてはならないのだ。さすがに金額が金額だけに、客も反論するだろう。まず、「キャンセル料とはなんだ！」と店側に訴えるだろう。

当然のことである。

「アナタがデートするはずだと思っていましたので、この娘《こ》はほかのお客さまをすべて断っているんですよ。本来なら、あと最低3人は客につけて15万円以上は稼げたはずだ。だから、その分はお客さまに負担していただかないと……」

この手のゴタの場数を踏んできた店長やマネージャーは、さも「当たり前のことですよ」というように答える。

「そんなキャンセル料を払うなら、女の子を代えたらどうですか。あと3万円追加して8万円払うだけで、もっとかわいい女の子がつきますよ。どうです」

歌舞伎町流、飴と鞭だ。デート代の5万円を払わなければ、キャンセル料15万円が発生する。

それがイヤなら8万円払って女の子を代えろと迫る。仕方がないので、必然的に後者を選択する客が多くなる。まったく、店の勝手な都合だけを述べた言い分であるが、民事上ではこのような無体なことでもメニューに明示さえしていれば、店のシステムとしてまかり通るのである。いや、無理強いするといった方がいいかもしれない。

ただし、売春行為は違法なので、正式に訴訟を起こされると勝ち目はない。逆に『売春防止法』で捕まるのは店側である。しかし、いかつい男たちに囲まれ、強面の店長に支払いを強要されれば、ほとんどが今回の事件のようになってしまうだろう。

ましてや、彼は公務員である。買春目的で歌舞伎町にきて事件に巻き込まれる。この時点で被害者に勝ち目はない。騒動の目撃者か、コンビニの店員らが警察に通報したのだろう。最終的に、彼は暴行をうけ現金36万2千円やキャッシュカードなどを奪われた。店は摘発されたので男性は被害者として、新宿署や検察庁にたびたび呼ばれただろう。

身分を明かし、取調べ調書を巻く。歌舞伎町にきた経緯から、店に入った状況。店内での様子など、包み隠さず話さなくてはならない。確かに事件は解決したし、捜査過程で被害金額が示談で弁済され、場合によっては慰謝料も取れるかもしれない。彼の被害は最低限ですむはずだ。だが公務に就く身で公序良俗に反した行為が、自身に今後どのような影響を及ぼすのか、ご理解いただけるだろうか。人ごとではあるが、被害者のこれからの公務員人生に不安を感じずにはいられない。おそらく彼は、このような結末は望んでいなかったに違いない。

「ふう〜ん、ぼったくりも深いんだね」

オレの話を聞き、ゆう子は感心したようにつぶやいた。

「深くなんかないよ。やってることに一貫性がない。ぼったくりはぼったくり。ぼったくった客にオンナをつけてなだめるというならわかるが、デートの客からもぼったくろうとなると、二兎を追う者は一兎も得ず。結局はどちらもパァになってしまうんだよ」

ぼったくり自体、別に深いものでも難しいものでもない。カネを持ってる客から、獲れるだけとる。ごくシンプルである。

ただ、ここ最近のぼったくり業界は、営業上の人間関係が希薄になりすぎているような気がする。キャッチが客を引き、ホステスが接客し、ゴタった場合は責任者がカネを獲る。すべて、連携プレーで行われる。キャッチが客を引けない。ホステスの接客がダメ。責任者がカネを獲れない。こんな状況では、いくらぼったくりとはいえ潰れてしまうだろう。

ぼったくり店は、ひとつ間違えれば逮捕されることもある運命共同体。チームワークと、しっかりとした仲間意識がないと店は成り立たないのだ。それだけに、歌舞伎町の『ＣＬＵＢ Ｃｅｎｏｔｅ』などの事件には、呆れかえってものがいえなかったほどだ。

被害客を奴隷に『CLUB Cenote』事件

2015年12月1日、歌舞伎町の『CLUB Cenote』で、32歳の男性客に51万円の料金を請求。払えないと言った男性に対し「うちで働いてカネを返すしかねえんだよ」などと脅し、同日夜から翌2日まで、客引きや店内の掃除などをさせた疑いで責任者と従業員ら5人を逮捕した。警視庁によると、逮捕された5人はいずれも「ぼったくりではない」などと否認している。

同店は「日の出から営業」をうたう、通称『朝キャバ』である。被害者は客引きに「1時間4千円」と声を掛けられ、1日午前5時ごろに1人で入店。酒の弱い男性は1本1万円のシャンパンを頼んだが、30分ほどで寝入ってしまったという。正午ごろに目覚めると、予想外の料金を請求された上、勤務先の大手居酒屋チェーン店の寮から、『CLUB Cenote』の従業員寮に荷物を運ぶことを強要された。当日は給料日で、持っていた現金約20万円もなくなってい た。出勤しないことを心配した同僚が電話を入れると、逮捕された責任者らが出て「コイツは金を払わないから働かせる」と告げ、被害者に「オマエは働いていた店を解雇されたから」と伝えた。さらに寮から店に戻され、午後7時から翌2日午前8時まで13時間にわたって、店のトイレ掃除や客引きなどをさせられたという。被害者は寮に戻ったあとスキを見て逃げだし、静岡県御殿場市の路上で行き倒れになっていたところを保護された。調べでは、「富士の樹海を目指し、電車を乗り継いで逃げた。富士山まで逃げれば追ってこないと思った」と捜査員に話したという。

ぼったくり店で酒を飲んで眠ったとなると、これは最悪の状況である。意識のないうちに、ホステスが高額なドリンク類を好き勝手に注文し、完全熟睡してしまえば自動延長で時間毎に延長料金が加算されていく。いくら請求されても文句はいえない。目が覚めたら、頼んだおぼえもない酒瓶が山のように置かれ、信じられないような金額を請求される。

業界用語で『サイレント』という、ぼったくりの手口である。悪質な店では、『ハルシオン』などの眠剤で客を眠らせ、朝まで寝かせておくマグロ（泥酔強盗）まがいの営業をしている店もある。マグロ営業が全盛だったころ、アルコール度数96度のウオッカ『スピリタス』がカウンター内にところ狭しと置かれていたり、ヒマな時間はホステスがテーブルに座って睡眠薬の錠剤を灰皿に入れて潰している光景がよくあった。

被害者は入店早々、『サイレント』に引っかかったのである。

「カネがないなら、ウチで働いて返せ」

おそらく強制的に、であろう。被害者が勤務する大手居酒屋チェーン店に電話をかけて辞めさせ、寮から『CLUB Cenote』の従業員寮に引っ越しさせ、同日夜から翌2日まで歌舞伎町で客引きや店内の掃除などをさせる行為はいくら売掛け金を回収するためとはいえ、ここまでやっては狂気の沙汰としか思えない。

完全に、ぼったくりの流儀から逸脱した行為だ。

『CLUB Cenote』の従業員の扱いに危機感を持った被害者は、歌舞伎町から富士の樹海を目指して逃げたのだという。ここまでも、彼を恐怖に陥れたマインドコントロールとは、どのようなものだったのだろうかと興味さえ覚える。プロセスはどうあれ、同じ店の従業員となった仲間である。仲間を脅してカネを取るなどとは考えられない。わがKグループでも、ぼったくられて客から従業員になった者は何人もいる。だが『CLUB Cenote』のように仲間を脅すような従業員は、1人もいなかった。

ぼったくり客がぼったくる従業員へと変わるとき

「影野さんとこは社員旅行に連れていったり、ゴルフだ、野球だのとみんな仲よかったよね」

Kグループ全盛時、沖縄への社員旅行についてきたこともあるゆう子が、当時を懐かしむかのようにいった。

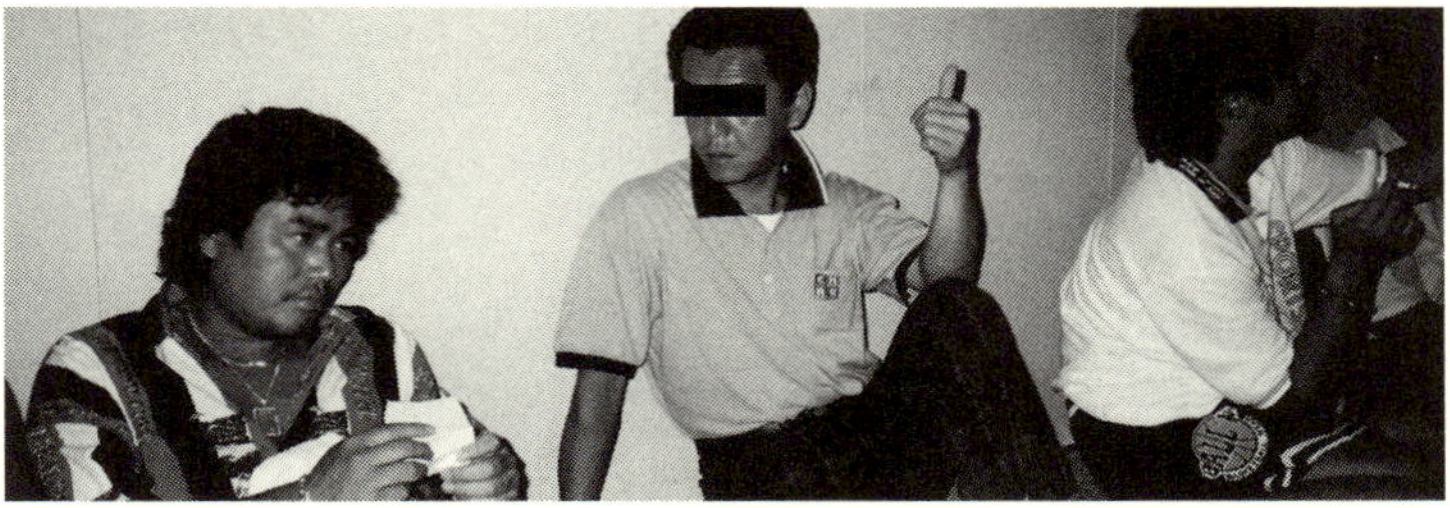

金のブレスにネックレス、スタッフ全員を旅行に連れていったバブルの時代

そうなのだ。

自慢じゃないが、わがKグループの福利厚生は充実していた。

根っからの遊び好きのオレは、スタッフを沖縄や伊豆七島などへ遊びに連れていった。また野球大会やゴルフコンペ、釣りにバーベキュー。麻雀大会やマラソン大会まで、オレが率先し主催していた。当時Kグループは5店舗あり、男子従業員40名以上。ホステスやガールキャッチが、在籍60名もの大所帯だった。しかも、ぼったくり店に勤めるようなヤツらだから、野心を持った者も多い。仕事仲間として仲よくなるヤツらもいれば、同僚でありながらライバル視というより敵対視している者も少なくはなかった。そんな海千山千の連中を束ねるのだ。オレはいろんなイベントを主催することにより、系列店間の従業員同士の交流を持たせることにしたのである。そんな努力が実ったのか、今振り返ってもKグループのスタッフ同士は仲間意識が強かったし、チームワークもしっかりしていたように思う。

元アイドル、歯科衛生士、銀行員、女教師、女子大生などが身分を隠して客を引いた

客から従業員に転職した者の中でも、1999年（平成11年）に摘発されたぼったくり店『VIKING《バイキング》』の責任者だった会津磐大（仮名）はピカイチだろう。会津は客からマネージャーになって、店のため3年の懲役まで務めた男である。

元は『VIKING』の系列店『BANDITS《バンディッツ》』のガールキャッチに引っかかって、Kグループ5店舗のうち4店舗をたらい廻しにされ、有り金を全額獲られた上客だった。

当時のわがKグループは、歌舞伎町最初の早朝ぼったくり店『VIKING』と、24時間いつでも開けてどんな営業にもフレキシブルに対応できる『SPORTSMAN CLUB』、ガールキャッチ中心の『BANDITS』と『VOLEUR《ヴォルール》』と、歌舞伎町ぼったくり居酒屋の元祖『五稜郭』を展開していた。

『ＶＩＫＩＮＧ』は英語で『海賊』、『ＢＡＮＤＩＴＳ』は『山賊』。そして、『ＶＯＬＥＵＲ』とはフランス語で『ぼったくり』の意味である。

『五稜郭』は新撰組最後の闘いの場となった城郭の名をつけ「背水の陣を布いて頑張れ」と鼓舞する意味で名づけた。『ＳＰＯＲＴＳＭＡＮ　ＣＬＵＢ』は、その名のとおりスポーツ好きの従業員ばかり集めて、営業していたぼったくり店だ。このようにわがＫグループ全5店舗の店名に、それぞれ意味を持たせていたのだ。

会津を引いたガールキャッチ髙野恵美（仮名）は、身長151センチの小柄でスリムなボディながら、Ｅカップ巨乳のかわいいセクシーな女であった。顔は会津好みのアイドル系。

「すいません、今、何時かわかりますか」

恵美は時計をせず、テッパン（鉄板＝堅い、確実に入る）客に時間をきいてバン（声をかけること）をかける。恵美の得意技だ。

福島から職探しにでてきた純朴な田舎青年に、歌舞伎町の女の子から声をかけられるという、ドラマにでもあるようなハプニング。さすがに歌舞伎町は、刺激的な街だと思ったことだろう。会津は恵美に連れられ、ぼったくり居酒屋『五稜郭』へ。

酒の力もあったのか、それとも恵美の魅力でヘロヘロにされたのか。

会津は、その後『ＶＩＫＩＮＧ』、『ＶＯＬＥＵＲ』を経て、『ＢＡＮＤＩＴＳ』、『ＳＰＯＲＴ

SMAN CLUB』と4軒のぼったくり店で豪遊。気がつけばサイフの中身が空になり、貯金まで全額下ろしていた。

「あのさ、お、オレ……一文無しになちゃってさ、帰りの汽車賃もないのさ。で、できたら泊るとこ、紹介してくれないかなぁ」

身長180センチ体重90キロ（逮捕時は120キロ）を超える巨体の会津は、大きな身体を申し訳なさそうに縮め、恵美に頭を下げた。

（コイツ、部屋に泊めてくれっていってるのかしら。田舎者のくせに、意外に図々しいのね）

当初、恵美は会津がネコを被っていると思ったという。

「じゃあ、アタシの知っている店で働く？　頼めば日払いで給料はもらえるし、寮も歌舞伎町内にあるっていってたわよ」

恵美は身の危険を感じて、会津を店に押しつけたのである。

「会津と申します。よろしくお願いします」

会津は巨体を丸め、福島訛りで頭を下げた。こうして彼は、わがKグループの一員となったのである。オレは会津を初対面で見て、その風貌ではぼったくり店では使えないなと思った。身体はデカいが、一見オタク風で威圧感がない。

「おい、店長！　新入りの頭をなんとかしろ。それと、スーツを見立ててやってくれ」

毎年元旦恒例の靖国神社参拝。Kグループ各店舗の幹部が勢ぞろい。
この3ヶ月後に『梅酒一杯15万円事件』で逮捕された

オレは店長の鈴村健之《たけゆき》（仮名）を呼んで、会津を歌舞伎町の水商売風に身支度させるようにと命じ、カネを渡した。

「はい、わかりました。じゃあ、会津さん。いこう」

鈴村は、会津を連れて歌舞伎町のヤクザ専門理髪店『コマ寅《トラ》』（仮称）で、ロン毛を切りパンチパーマをあてさせた。そしてサングラスを買い、ピンクのダブルのスーツまで着せたのである。

馬子にも衣装、という。上から下まで歌舞伎町風にコーディネートした会津は、道を歩くとキャッチやポン引きまでが道を開けるほど、強面に変貌したのである。『VIKING』の従業員となってからは、会計時に会津が立っているだけで客は素直に支払った。1ヶ月のち、鼻の下にヒゲを蓄えてからは、さらにゴタでの存在感が増した。

いつしか、「Kグループに会津あり」と知られるようにまでなっていた。だが、いくら強面に変身しても、人の本質までは変えられない。

『VIKING』で大活躍した会津であったが、人のよさと心の優しさは隠せなかった。ぼったくりでも非情にはなりきれず、東北人らしい人情味が先にでた。そんな会津と2人っきりで、酒を飲む機会があった。会津は緊張しながら、オレに酒を注いだ。

「なんだ」

会津がグラスをテーブルに置き、なにか言いたげにオレを見ている。

「あのぅ……え、恵美ちゃんは、ガールキャッチだったって、ホントですか？」

会津が、真剣な眼差しでオレに尋ねた。

「あれ、知らなかったの？　今まで……」

オレは、思わず吹きだした。

「ホントだったんですね」

会津は、愕然としたようにつぶやいた。

人を疑うことを知らない純粋な東北青年は、入店後数ヶ月経っても恵美がガールキャッチであったということに気づかずにいたのだ。もうずいぶん前の話であるが、ぼったくり時代を語ると思いだすマンガのような実話である。

刑務所出所後、会津は地元福島に帰り、現在は親元で家業を継いでいるという。彼の素直で真面目な性格は、きっと新たな人生でも活かされているに違いない。今も会津の人懐っこい笑顔が忘れられない。順当に結婚していれば、もう子供も大きくなっているころだろう。

心から、会津の幸せを祈りたい。

さて警視庁によると、歌舞伎町でぼったくり被害を受けたという110番はピーク（2015年1～5月）で1380件を超え、前年1年間の約670件を軽々と超えた。

警視庁は6月から、交番へ相談に来た客を新宿署に連れて行き、店の摘発を目指して事情を聴くことを始めた。東京都のぼったくり防止条例では、歌舞伎町や港区六本木などの指定地域でぼったくりした場合、6月以下の懲役または50万円以下の罰金となる。条例は、店が客引きを利用することを禁じ、明確な料金表示を義務付けている。

しかし、酔った客にわずかな時間だけメニューを見せ、高額請求をした場合はぼったくりだと立件するのは難しい。

メニューなど客が見ようがみまいが、見せたという既成事実があればいいのである。客よりも多くのホステスや黒服が証言を裏づけるからだ。

ほかにも、ぼったくり被害が歌舞伎町を席巻した。ここに簡単にまとめてみた。

●2014年10月
水しか飲んでいない客に約63万円を請求し、「拳銃で弾かれるぞ」と脅す。
●同12月
客3人に約28万円を請求、「8割払わないと解放できない」と脅す。
●同12月
約10分間滞在しただけの客3人に約21万円を請求。脅した上で約24万円を払わせる。
●2015年4月
客2人に62万円を請求し、現金約27万円などを脅し取る。
●同4月、客に42万円の支払いを求め、従業員4人が暴行。

メディアで報道された事件だけで、ざっとピックアップしてもこれだけの数のぼったくり事件が頻発した。それにしても、「拳銃で弾かれるぞ」「8割払わないと解放できない」などとは、もうぼったくりのゴタではなく、客を完全に脅迫し、人質化している。

これらを見ても、歌舞伎町のぼったくりは昔よりドンドンと悪質な手口へと進化しているように思えてならない。

たとえて言うなら、巧妙に手口を変えても残っているオレオレ詐欺のようだ。

その結果、ゴタの場に弁護士を立ち合わせたり、民事訴訟を起こそうとしたりと、過去のぼったくりでは考えられなかったような解決策が生まれている。

では、このようにいびつな歌舞伎町の夜の世界に変貌するまでの彼の地の歴史はどうであったのか？　次の章では歌舞伎町の風俗史および、ぼったくり誕生の経緯などをオレが現役当時に歌舞伎町で見聞きしたものを元に検証してみよう。

第二章

金・女・暴力の都
歌舞伎町

戦後復興とぼったくり

歌舞伎町が、単体で『歌舞伎町』と呼ばれだしたのは、いつのころからだったであろうか。

終戦直後の動乱期は、新宿界隈を総称して『ジュク』と呼んだ。同様に、渋谷は『ブヤ』で、池袋は『ブクロ』、六本木は『ポンギ』。銀座は『ザギン』で上野が『ノガミ』といった具合だ。主に地元の不良たちを中心に広まったのだという。

昔の歌舞伎町は『ジュク』のエリアのひとつだったのである。だから『ブキチョウ』や『チョウカブ』などと呼ばれていない。だいたい語呂が悪すぎる。まぁ、短縮して『カブキ』というのはチョコチョコ耳にするが……。結局、歌舞伎町自体が商業的にほかの新宿エリアの群を抜き、独立していても、いつも『新宿歌舞伎町』とワンセットで呼ばれていた。

新宿が抱えている繁華街だけで歌舞伎町を中心に、ゴールデン街、新宿二丁目、新宿三丁目、しょんべん横町（現・思い出横町）、大久保のソウルタウンなどがある。そんな歌舞伎町が、ある時期を機に『世界の新宿歌舞伎町』と呼ばれるようになる。

過去に遡ってみよう。

戦時中、米軍のB29の爆撃によって新宿の街々が完全に焼失した。終戦後、新宿駅から見るとあたり一面が焼け野原で、新宿や歌舞伎町界隈は廃墟となっていた。焼け跡に立った復員兵らは呆然とし、唯一みえる新宿御苑の美しい緑だけが印象に残ったという。

それから新宿や歌舞伎町は、驚異的な復興を遂げた。その立役者となったのは、関東飯島一家二代目である尾津喜之助親分であった。尾津親分は1945年（昭和20年）『光は新宿より』のスローガンのもと、物資の流通を第一にと考え、新宿東口に『新宿マーケット』を開設した。

もちろん、公的なものではなく、違法の闇市場である。

このころ、都民の生活は闇物資なしには成り立たなかった。食物が購入できず、餓死した人も少なくはない。食品や日用雑貨の不足は民間人だけではなく、東京都庁や警視庁、農林省などの公務員全般にも深刻な問題だった。苦肉の策として、公務員には食料や物資調達のための有給休暇まで認めたという。

国からの配給だけでは、生きていけなかった時代だったのである。

マーケットを設立し、物資の流通に寄与した尾津親分は、一躍、東京都民のヒーローとなった。だが、人に潤いを与えた闇市も長くは続かなかった。

GHQは、テキ屋（香具師＝露天商）の親分が仕切るマーケットは、日本の経済の民主化に好ましくないと判断。1947年（昭和22年）の6月には、尾津親分が不法占拠をめぐるトラブルによって逮捕され、1949年（昭和24年）になると『常設露天市場』の解体が始まる。それから2年経たずして、東京都内のマーケットは路上から姿を消した。

さて、新宿の歌舞伎町は外国人たちが作り上げた街だという。戦後、解放国民となり、闇屋や博打などで稼いだ台湾華僑や朝鮮半島出身者たちが、潤沢な資金をもとに発展を続けている新宿駅東口前から北上した土地を手に入れビルを建てた。その地こそ、今の歌舞伎町界隈である。

終戦から3年が過ぎた1948年（昭和23年）、在日外国人や地元の住人たちを中心に、荒廃した街を一大歓楽街に復興させようと、映画館や劇場といった娯楽施設などの建築を積極的に勧めた。最終的には、歌舞伎座まで誘致する計画だった。

歌舞伎座のある街だから、『歌舞伎町』。歌舞伎町という地名の由来である。歌舞伎座設立の案は頓挫したが、歌舞伎町という名だけは残った。そして、終戦直後の飢えから徐々に解放された人々が、刺激を求めて娯楽施設の集中する歌舞伎町に集まった。

歌舞伎町の夜間人口が増えるにしたがって、スナックや居酒屋、簡易料理店の類《たぐい》が新設されていく。開発途上であるがゆえに店賃《たなちん》も安く、再開発の遅れた住宅地を周辺に抱えていたことも集客には幸いした。

やがて、ゴールデン街や思い出横丁のような、今も残る飲み屋が歌舞伎町内に乱立した。このころの一般的な酒は、燃料用のアルコールを水で薄めた『バクダン』と呼ばれるもの。

戦争末期に飛行機用に作られたアルコールが闇市に出回り、これが酒の代用品として夜の街に流通した。

だが、その成分にはメチルアルコール（メタノール）が大量に含まれている。これは人体には有毒な物質で、飲むと気持ちが悪くなって倒れ、ヒドいときは失明にまで至る。最悪の場合は命まで落としてしまうという、恐ろしいものだった。

それでも酒好きや刺激を求める者は、『バクダン』をやめなかった。命まで賭して飲む『バクダン』の魅力。娯楽がなくなった敗戦国民には、酒を飲むことがなによりもの憂さばらしだったのである。

歌舞伎町の飲み屋は雨後の筍のごとく増え続け、その中にぼったくりバーも登場する。任侠映画やVシネマで「料金が高い！」などと騒いだ客を鎮圧するため、店の奥からゾロゾロと悪漢《やから》らがでてくるシーンそのものだ。

戦後最初に生まれたぼったくりバー。その営業形態から、またの名を『ギャングバー』と呼んだ。歌舞伎町がカオスに包まれていた時代、世はまさにぼったくり草創期だったのである。

安く手に入る『バクダン』は、当然のようにぼったくり店でも出されていた。しかし、終戦から1年間でメチルアルコールの中毒による死者は、なんと2千人にも達したという。被害者の中には、有名人や著名人も含まれていたことから大きな社会問題となる。ある意味、ぼったたくりより恐ろしい話であった。

余談になるが、ぼったくり草創期の『バクダン』は最近まで残っていた。といっても、酒ではない。

オレがぼったくりを始めたころ。客の飲み残しのビールをポリバケツにため、漏斗《ろうと》で瓶に移しかえることを『バクダン』といった。それを未開封のビールとして客に出す。

「飲むとヤバいぞ！」という点では、『バクダン』と同じであった。まさか、命まで奪われることはないが、どこの馬の骨ともわからない客の唾液の入ったビールを提供するのだ。

客には平気で『バクダン』を出したが、従業員たちが飲むときは缶ビールなどを自前で購入し、『バクダン』は決して口にしなかった。

今の歌舞伎町のぼったくり業者は、このような『バクダンビール』の存在を知っているのだろうか。知る必要もないといわれるかもしれない。だが、豊かな時代に生まれ育った子らにも、ぼったくりの先人たちの昔話も史実として遺しておきたいと思い記述した。

さて、『バクダンビール』の講釈はこのあたりで、復興の兆しが見えてきた歌舞伎町の話に戻ろう。

順調に発展してきた歌舞伎町だが、１９４０年代後半に発生した食糧危機の影響により経済状況が一時悪化するが、１９５０年（昭和25年）の朝鮮戦争勃発の特需景気により、１９５３年

（昭和28年）後半には戦前の水準にまで復興したという。

　戦後から8年の歳月が過ぎ、日本国民の暮らしがようやく豊かになってきたのである。そして１９６０年（昭和35年）、池田勇人内閣総理大臣が国民の所得倍増計画を発令。高度成長期を迎える。加えて、戦後最大の国家プロジェクトとなった東京オリンピックの開催も決定し、首都高などのインフラが整備され、１９６４年（昭和39年）には東京大阪間を3時間10分で結ぶ夢の超特急『新幹線ひかり号』も開通した。

　１９５４年（昭和29年）神武景気から始まり、なべ底景気、岩戸景気、オリンピック景気、いざなぎ景気と続き、１９７３年（昭和48年）まで奇跡のような好景気に沸き、その間、年平均10%以上の経済成長を達成したという。全国民が一致団結し、敗戦国の日本を世界の列強と並ぶ近代国家へと成長させた。国民の暮らし向きが豊かになると、繁華街が栄えるのは世の常である。

ピンクキャバレーの隆盛とぼったくり店の誕生

　急激な高度成長に呼応するかのように、終戦後に展開した小箱のバーやスナックを駆逐する勢いで大箱のキャバレーが歌舞伎町に登場した。ホステスたちは煌《きら》びやかに着かざり、飲むこ

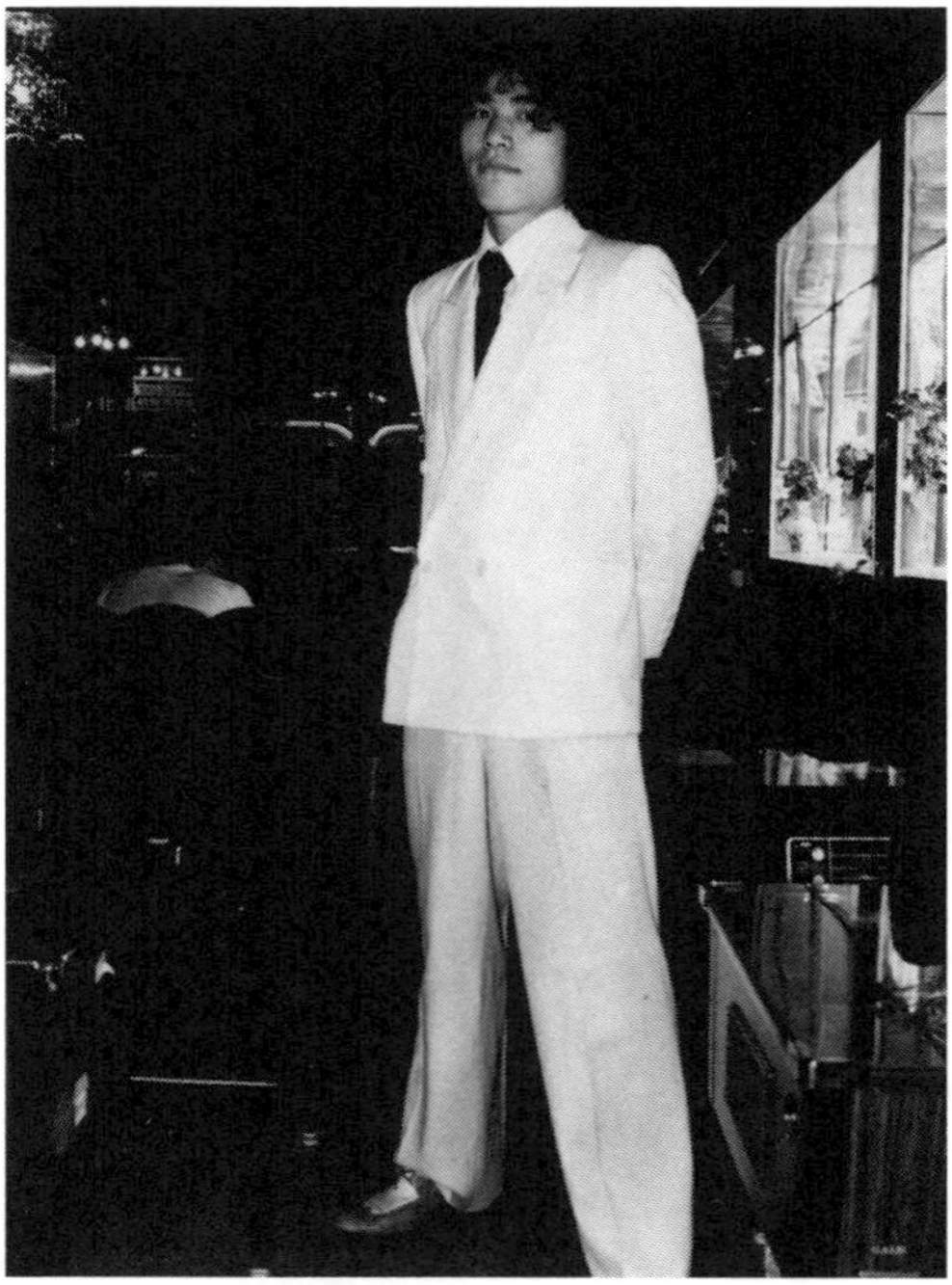

1980年当時、インベーダーゲームに続き、大ヒットしたギャラクシアンの前にて（撮影／渡辺克己）

とよりもお色気重視の接客で男たちを楽しませた。この肉弾サービスが当たり、キャバレーはたちまち大盛況となる。ほかにもアルバイトサロン（アルサロ）、未亡人サロン、軍隊キャバレーなどの様変わりした店が続々と生まれた。キャバレーの営業は、戦時中の厳しい軍部の統制下を生きた男たちには刺激的だったであろう。歌舞伎町では、『大福』『女王蜂』『リド』『サクラメント』『おしゃれ茶屋』『トランジスト』などが人気を博した。

オレが歌舞伎町デビューしたころには、『不夜城』『クラブリー』『クラブハイツ』『ムーランドール』『ムーランルージュ』『ニュージャパン』『ロータリークラブ』などが繁盛店で、その巨大さと豪華な内装にド肝を抜かれたものである。

『不夜城』は、北欧の古城を彷彿させる豪壮なレンガ造り。美しいバニーガールが入口に立ち、来客を店内へエスコートしていた。

（いつかは、あんな店で飲んでみたい）

まだ20歳になったばかりの学生のオレは、バニーガールのいる大人の社交場を目の当たりに見て心に誓ったことを、今も記憶する。

その後、グランドキャバレーと呼ばれる、さらに大型のキャバレーが歌舞伎町に出店。同時期、過激なピンクサービスを売りに、大型のピンクキャバレー『ナポレオン』や『ＰＭ』などもオープンした。また、全国展開していたピンクサロン（ピンサロ）『ハワイ』や『ロンドン』などの小型店も、チェーン進出し歌舞伎町で急増した。

当時のキャバレーやピンクキャバレーは、坪数25坪以上のダンススペースが必要な大型キャバレー営業の場合は風俗営業許可の取得が必要だった。また、ステージや照明などの設営に、内装費や維持費がかかりすぎた。

それなら豪華さを売りにしている大型店より、２千円などの低料金で客を入れる庶民的な小箱のピンクサロンを開店する方が安上がりだ。許可申請も風営法の二号営業となる『バー営業』ですみ、店内も暗いので凝った内装も必要ない。

ピンクサービスをするのに、ダンススペースもステージもいらない。店に必要なのは、客が喜ぶようなサービスのできる社交（従業員）をどれだけ多く集められるか、だった。このような回転効率のよさで、ピンクサロンが風俗業界の担い手となっていく。

ハワイチェーンは、のちに日本初のキャバクラとなる『Cat's』を1984年（昭和59年）に開店させ、日本中でキャバクラブームを巻き起こす。

ロンドングループは、『アランド』という人気ラブホテル経営に路線を変更。ともに風俗産業の両巨頭となる。

風俗店は群雄割拠し、歌舞伎町は風俗戦国時代を迎えたのである。

さて、ピンクサロンには店の入口で客に声をかける『ポーター』という呼びこみがいた。彼らは、店がヒマになると路上に出て客を引く。これが『ポーターキャッチ』と呼ばれ、のちの路上で客引くキャッチに駆逐されていく。

このキャッチをメインに使う、有名ピンサロチェーンの店名を真似たぼったくり店が歌舞伎町に乱立した。店名をハワイやロンドングループもどきの『ニューハワイ』や『ニューロンドン』などと模倣し、キャッチは「ウチはハワイチェーンですから……」などと偽って客を引いた。それまでバー形式だったぼったくりバーはカウンターを撤去、フロアを広げて内装を変えピンクサロン形式にテーブルを並べた。終戦後のぼったくりバーが、近代的なぼったくり店へと変わる変換期であった。

ホステスは社交と呼ばれ、ロングドレスではなく、ベビードールやワイシャツ、セクシーなミニドレスなどを身にまとった。当時のピンクサロンは『パック制』（時間ごとに定められた料金を払う）で、時間内にセットを切り替え（追加延長）するか否かでサービス内容が激変する。

「延長してくれたら、最後までサービスするわよ」

社交たちは客の射幸心をあおり、時間延長を要求する。延長さえしてもらえば、おさわりから手コキサービス、フェラまで。カネ次第では、ボックス上で69から本番までする社交もいた。だが、セット8千円前後の料金で5回切り替えてもらっても、店の売り上げは4万円にしかならない。

これでは社交や男子従業員の人件費と、キャッチの歩合だけで消えてしまう。常連もいないぼったくり店は、営業形態を『売り上げ制』に変えた。売り上げ制は、料金が青天井（限度額なし）となる。

社交は、ドリンク類やつまみをとることを条件に、サービスの底上げをすることを約束。注文を取ればとるほど、店の売り上げがあがった。

「すいません、新規ワンセットお願いします。あと、オードー品、酒ライム、チーサラ、フルーツお願いね」

社交は客のヒザの上にのり、抱きついて胸で顔を圧迫。客に気づかれないように早口でオーダーをとる。新規ワンセットとは、本番（一見客）から指名客に変わること。指名料金は最低1万円からとなり、上客（最高額3万円）などは席を店内一番奥にあるVIP席へ移したりする。

ここで社交がオーダーした内訳を解説すると、オードブルは5千円、一品料理3千円、酒ライム1杯（実際はライムジュース）2500円、チーズ3千円、サラミ3千円（チーサラとオーダーしてもチーズとサラミは別会計となる）、フルーツ5千円となる。

計算してみよう。

小計で5万1500円。

これは、ドリンクの酒ライムを1杯しか飲まず、指名料を3万円として計算した場合である。実際は5杯前後飲むため、さらに1万円の上乗せがあるので6万1500円。

これに、サービス料（40〜60％）やテーブルチャージや料飲税10％（現在は廃止され、消費税のみ）などが売り上げの小計に加算される。

累計して加算されるので、たちまち2倍以上の会計となる。

小計

6万1500円×サービス料40％＝2万4600円
6万1500円＋2万4600円＝8万6100円

テーブルチャージ10％とボックスチャージ10％、ミュージックチャージ10％、最後に料飲税10％が累計で加算される。

8万6100円のテーブルチャージ10％分8610円を加算して、9万4710円
ボックスチャージ10％分9471円を加え、料金は10万4182円となる。
さらにミュージックチャージの10％分である1万418円で11万4600円。今は消費税に変わったが、料飲税10％1万1460円を最後に加算し。

12万6060円（小計6万1500円）が請求金額となる。

このように合計がちょうど小計の2倍ほどになるように、料金設定されているのである。
累計方式の料金算出法だと、小計だけでおおよその請求金額が把握できる。

このシステムが、現代のぼったくりの原型となる。あとは小計を上げるだけで、売り上げを意のままに操作できるのだ。

客にピンドン（ドンペリピンク）を入れさせたり、ロマネ・コンティやルイ十三世などの高価な酒をキープさせたりすることによって、料金は天文学的なものとなる。

歌舞伎町ドリーム

オレは十代のころから大阪の風俗店に勤務していた。だから、飲み屋の仕事も客の扱いにも慣れている……はず、であった。

大阪から上京し、はじめての歌舞伎町での仕事初日。店内で客が暴れた。

「お客さん、お客さん！」

呆然としているオレを尻目に、派手なストライプのスーツを着たパンチパーマの男がカウンター内から飛び出し、客をボックスに押し倒した。

そして、会計伝票でテーブルを叩く。

「おい！　テメェ、なに暴れてんだよぉ！　女の子に手を出して、タダですむと思ってるのかぁ！　おい、ナメてんじゃねえぞ、おぅ！」

男は、客の肩に手をまわし横に座った。思わぬ騎士《ナイト》の登場に、客は完全に固まっている。

「ぼ、ぼったくりだ！」

オレが歌舞伎町で最初にアルバイトした飲み屋は、累計加算方式のぼったくり店だったのだ。

もともとオレの風俗店デビューは、地元大阪の優良店ハワイチェーンからであった。

歌舞伎町に来る2年前、大学受験に失敗したオレは、大阪でも有名なY予備校に合格。Y予備校は、関西四私大への進学率が高いのを売りにしていた。

予備校の高い競争率を突破したオレは、もう大学に合格したつもりでいた。

「少しバイトでもしてみるか」

遊びたい盛りである。高校時代から私服だったので、洋服代がかかる。女にもモテたかったし、車も欲しかった。

予備校に通いはじめたオレは、中学時代の悪友を誘い高給保証のピンクサロンでアルバイトを始めた。

もちろん、ハワイチェーンはぼったくりではなく安く濃厚なサービスをする優良店で、指名待ちの常連客で溢れかえるほど繁盛していた。

驚くことなかれ。オレが入店したころの男子アルバイトの時給は、なんと1千円。バイトのオレの最低給料が月額18万6千円。ほかのチェーン店では年齢給を採用し、勤続条件としては

右におしんこ3,000円、レモンスライス2,000円など
高額の値段が並ぶ歌舞伎町のぼったくり店内

採用年齢は24歳以上。給料の保証が25万円前後だったと記憶する。

当時（昭和52年）、大卒の初任給が10万1千円だったころ、ピンクサロンの従業員はその約2・5倍。バイトのオレでさえ、約1・8倍の高給をとっていたのである。しかも、副収入も多い。店からの大入りや、社交さんからのチップ。客からもチップがもらえる。

それだけではない。

営業がピンクサービスだけにズボンを下ろす。そのとき、客のポケットから大量の釣銭がこぼれ落ちる。翌日の営業前の掃除で、多いときで1万円近くのカネを拾ったことがあった。まさに、風俗業界は狂乱の時代だったのである。

（なんておいしい商売なんだろう）

ここでの経験が「風俗はカネになる」と、オレの脳裏に植えつけた。東京に上京しても同じだった。一般社会では、真っ当に働いても得られないほどの高収入を得る。東京も大阪も、サービス業や風俗業界は好景気に沸いた。それとともに、ぼったくりも第一次隆盛期を迎えた。

繁盛店を目の当たりにし、事業に失敗したり、倒産の憂目を見た破産者が、再出発の登竜門として風俗店へ再就職する。当時は、それが借金返済や事業資金を貯めるためには、一番の近道だったのである。

「夢を追うなら歌舞伎町で！」

歌舞伎町には、遊興客が増えただけではない。夢よ再び！　と『歌舞伎町ドリーム』を実現しようと、職探しに歌舞伎町を訪れる者も後を絶たなかった。

つい先月まで借金だらけでサウナ暮らしだった者が、翌月からぼったくり店やポーカーゲーム店の経営者となり、ベンツで歌舞伎町に乗りつける。実際、そんなサクセスストーリーを体現した男たちを、オレは数えきれないほど目にしていた。それほど歌舞伎町は男の夢とロマン、野望が溢れた街だったのである。だから安穏とした優良店から、野心を持ってオレ同様にぼったくり店へ転職した者も少なくはない。

セックスと男たちの欲望が歌舞伎町を大きくした

大手のチェーン店と違い、ぼったくり店を開店するなら10坪程度の店でいい。雑居ビルの奥でも、最上階の隅の店舗でもいい。場所が悪くとも、客はキャッチが連れてくる。あとは、売り上げさえ上げれば店は繁盛。つまり、実力次第で自己資金での独立も可能なのだ。このように、ぼったくり店は簡単に開業できるので、一攫千金を狙って転業する者も多かったのである。

だが、いいことばかりではない。

仕事が仕事だけにリスキーで、会計に至って客を畏怖させたり、暴力的だと脅迫恐喝になり、刑事事件にまで発展する。客を叩けばたたくほど、実入りの多いぼったくり業界。ひとつ間違えると、塀の中に落ちるということもある。どん底から這いあがり成功しても、たちまち「天国から、また地獄へ」と、落ちていく者も多かった。人を魅了する魔都・歌舞伎町なだけにこの街に興味を抱く者も多かった。のちに世界的な写真家となった渡辺克己氏もそのひとりだった。客を引いていたオレに「写真を撮らせてくれ」と言った。それが本書に掲載している写真である。現像したポートレートを届けてくれた渡辺氏がいつまでもオレの前から離れない。キャッチの邪魔になるので「帰ってくれ」と頼むと「300円くれ」と言う。なんと必要経費を請求してきたのである。オレは渋々支払った。当時学生であったオレにはキツい出費だったが著名な写真家のモデルになったという貴重な青春の思い出である。

ところが1980(昭和55年)年8月、そんな『ぼったくり好景気』に沸く歌舞伎町を戦慄させる悲劇が襲った。

歌舞伎町一番街にあるサロン『パラダイス』で法外な飲食料金を請求された大学生が、同ビルの3階にある更衣室から逃げようとして地上に転落し死亡した。

このセンセーショナルな事件は、全国のメディアで大々的に報道された。一夜にして、歌舞伎町＝ぼったくり＝危険のイメージが、全国規模で定着していった。オレの記憶ではパラダイスの上階は某任侠団体の本部事務所だったように記憶する。

ぼったくりだ！　と思った被害者は、自分の身内がヤクザであると偽称した。いくらぼったくり店でも、さすがにヤクザの関係者からはカネは取りづらい。困った店の責任者は、彼を上階のヤクザの事務所に連れていき、話し合いの場を持とうとした。まさか、店の上にヤクザの事務所があるとは知らなかった彼は身の危険を感じ、トイレの窓から脱出を試み、あやまって転落した。これは当時の歌舞伎町の住人たちの間でささやかれていた話である。

おかげで翌日から歌舞伎町一帯では同業者への見せしめに、ぼったくりとおぼしき店舗前に10~15メートル間隔で制服警察官を配置。30分おきに立ち入りを決行した。まったく意味のない立ち入りであり、当時は警察官の営業中の店舗への『立ち入り権』を実質認めていない。あきらかに警察の独断で立入りを決行した。本来なら警察側の勇み足、越権行為である。違法性を無視した警察の徹底した規制に、ぼったくり店は開店休業状態がしばらく続いた。まさに戦時中さながらの戒厳令が、歌舞伎町に布かれたのである。

そして、この大学生飛び降り死事件が１９８５年（昭和60年）に施行された『風営法改正』への引き金となる。歌舞伎町は、事件の余波をうけ客足が遠のいた。確かに、警察官だらけの歌舞伎町に遊びにくる客も少ない。あわせて盛況だったキャバレーブームも下火となり、ピンクサロンの過激なサービスが仇となり摘発されていく。

キャッチを使えないぼったくり店は、完全に鳴りを潜めていた。

このとき、人生でたった一度だけ歌舞伎町を離れようと心底思った。子供のころからの夢であったゴルファーの道を歩もうとしたのである。

ところが暗雲立ちこめる歌舞伎町に、それまでの風俗の常識を真っ向から覆すような新しい風俗が登場する。１９８１年（昭和56年）夏、ノーパン喫茶の歌舞伎町上陸であった。

過去の風俗は、肉体への密着サービスが主流だった。だが、ノーパン喫茶は男性の身体に触れてはならない。もちろん、男性が女性の身体に触れることも禁止されている。ただ、女性のノーパン姿を見て楽しむ。フェチシズムの元祖ともいえる、新しい風俗の誕生であった。

ノーパン喫茶ブームは、日本の風俗史上始まって以来の爆発的な人気を呼んだ。今まで普通に経営していた喫茶店やスナック、パブやクラブまでもブームに便乗し、ノーパンへのリニューアルを図った。この時、オレは歌舞伎町に舞い戻った。38年間の歌舞伎町人生で、歌舞伎町から逃げだしたのは、これが最初で最後である。ただし、2週間ほどであるが……。

全国を一大ムーブメントに巻き込んだノーパン喫茶。その誕生秘話は、世間に諸説（京都説、大阪説）ある。

だが、世間が認めるノーパン喫茶の一般的なスタイルを確立したのは、1980年（昭和55年）12月に大阪は阿倍野に開店したノーパン喫茶『あべのスキャンダル』であろう。

初期の『あべのスキャンダル』は、喫茶店というよりはショーパブのようなものだったという。ウエイトレスのコスチュームはミニスカートにパンスト直ばきで、パンティーをはかないのでノーパンとした。この営業スタイルが、ノーパン喫茶の原型となった。

さらに店舗が増えると、サービス競争にも拍車がかかる。床をガラス張りにする。あるいは、ノーパン嬢のスカートの下から風を吹き上げるモンローサービスなど、わざと女性の下半身を見えやすいような工夫をする店が続出した。

こうした過激な営業に、コーヒーなどの飲み物が1杯2千円前後という高い料金にもかかわらず、夕方ともなると客が殺到する。まだ、夕方6時を過ぎだというのに、100席ある店内はすべて埋め尽くされるほどの賑わいだった。

男性客の中には、何とか女性の局部をのぞき見ようと、わざと小銭を床に落とす裏ワザを駆使したり、コーヒー1杯で何時間も粘ったりする図々しい客も珍しくなかった。

過当競争から過激さがドンドン増し、やがて『トップレス喫茶』が誕生。のちには全裸に、前張りだけという『前張り喫茶』まで誕生した。

ノーパン喫茶の営業努力の成果なのか。元祖となった大阪では1年ほどでノーパン喫茶が140軒を超え、出足が一歩遅れた東京都内でも約200軒以上が開店していたという。一説にはこの時期、全国のノーパン喫茶は1年間で1千軒を超えた、と言われている。

だが、喫茶店でノーパンの女の子を見るだけでは物足りない。そんな客の要望が、さらに新たな風俗を誕生させた。

ピーピングトム（のぞき見）的な趣味を満足させるために生まれたのが『のぞき部屋』である。原型はストリップ劇場で、ステージを個室で取り巻き、マジックミラーの裏から女の子の裸を1人で楽しんだ。また、自分のためだけに女の子のヌードを喫茶店のホールではなく、個室内でじっくり見たいと思った客のニーズに応えるため、『個室ヌード』が誕生した。これにはオプションがついていて、ポラロイドカメラで自分だけのヌードが撮影できた。個室ヌードの誕生により、のちにぼったくりの新たな手口となる『タケノコ剥ぎ』が氾濫する。それまで、ピンクサロン形式だったぼったくり店は、ほとんどが個室ヌードの形態で営業を始めたのだ。

客から入場料を2千～3千円取り、個室に案内する。室内に女の子が、初期のノーパン喫茶店風のコスチュームで現れ、客と交渉を始める。

「ウチは、基本このままでのポラロイド撮影で2万円なの。で、オプションがあって、ブラを取ったら1万円。スカートとパンツを脱いだら、さらに2万円。本番したいのなら、いくら払える？」

これが、タケノコ剥ぎの原型である。

だが、タケノコ剥ぎといってもバカにはできない。サラリーマンでも、5万から10万円近くのカネを落としていく。

「おい、3万円払ったのに、これだけ（手コキ）か！　オマエ『本番OKよ』っていったじゃないか」

当然、客はクレームをつける。

「だから、個室ヌードの本番サービスは手コキなの。SEXしたら、売春防止法違反で捕まるのよ。ゴメンね」

オレたちがレクチャーしたことを客に話す。

「し、しかし……」

「アナタも一緒に警察に呼ばれるのよ。それでもいいの」

「いや……」

結局、ポラロイド2枚と追加を10万円近く払って、手コキでフィニッシュなどということになる。この時代の物価から考えても、かなりの高額である。

店を出てから頭にくる者も多いらしく、歌舞伎町交番へタレこむ（被害を訴えにいく）客があとを絶たなかった。

「10万円払って、手コキだけですよ。おかしくないですか？」

警察官に不平を訴える、客。だが、警察官は呆れたような表情で、聞き流した。

「やることはやってもらったんだろ？　だったら、バンコウにきて文句をいうアンタの方がおかしいだろ。サッサと帰りなさい」

駆けこんだ客は、逆に警察官から叱られることもあったという。彼らにすれば、「手コキとはいえ、やるだけのことはやってもらっている」にも関わらず、あとで文句をいうヤツは非常識だとでも思ったのだろうか。さすがに、昭和の警察官には気骨があった。

そして、最後に『個室マッサージ』が登場した。

見るだけや、写真撮影だけでは納得できない。どうしても、ヌイてほしいと思う客のため、個室内にシャワーやベッドを設け、女の子の手コキサービスやリップサービスが行われた。

これが、のちの『ファッションヘルス』の前身である。

今は数々の規制のため、店内に個室を設けることは都下の一部地区を除き禁止されている。だが1980年には、そんな規制がまったくなかったのである。

誰が経営しようが、どこで営業しようが関係ない。飲食物を出すノーパン喫茶だけは、『飲食店営業』の許可が必要だったが、ほかの個室を設けた新興風俗には営業許可など必要がなかった。

ヤクザであろうと堅気であろうと、元警察官や公務員、前科者。経営者が誰であろうとも関係なく、新風俗店を開店することができる。なにしろ、取り締まったり、規制したりする法律が一切ないのである。許可不要が恩恵となり、歌舞伎町には前述のように新風俗が次々と登場し、史上空前の風俗バブルが巻き起こった。

歌舞伎町は日本の風俗の聖地となり、そのネオンが誘蛾灯となり人々を誘《いざな》った。

現在の給料日あとの金曜日の人出が、当時の給料日前の日曜深夜の人出と同等ぐらいだったのだ。それほど歌舞伎町は、ものすごい人で賑わった。

ノーパンの女王イヴ

風俗バブルとなった80年を機に、歌舞伎町は、かっての『新宿歌舞伎町』から新宿がとれ、『歌舞伎町』として独立を果たしたとオレは考える。

だが新興風俗の登場はいいことばかりではない。弱肉強食の法則はもれなく新風俗の先駆者となったノーパン喫茶の売り上げを徐々に落としていった。

ぼったくり業者はピンサロスタイルのぼったくり店をやめ、テーブルやボックスを廃棄し、店内に個室を設けた。

「お客さん、ノーパン喫茶いかがですか。個室ヌードや個室マッサージもありますよ。あっ、のぞき部屋もありますよ」

4コースから選べるので客はドンドン入る。タネを明かせば、1つの店舗なのだが。事件以来、ひっそりとほかの地域に潜んでいたキャッチらは、渡り鳥のように歌舞伎町に舞い戻り活動を再開した。

個室のぼったくりは、東京都公安委員会の許可や保健所の許可もいらないお店。許可がいらないので、キャッチがデカパン（刑事を客引きしてしまうこと）で逮捕されても、店は営業停止などの行政処分の対象とならない。

新たな風俗の登場に、押され気味だった歌舞伎町のノーパン喫茶『ＵＳＡ』が、店内に個室を設け手コキのサービスを始める。のぞき部屋や個室マッサージに負けじと、店内に手コキ専用の個室を設置。追加料金を2千円前後払えば、ノーパントップレス嬢を指名して個室に入り、手でイカせてくれたのである。これは『フィンガーサービス』と呼ばれる、このサービスは第二次ノーパン喫茶ブームに火をつけた。

そんな新ノーパン喫茶に、1人のスーパーアイドルが誕生する。

ノーパンの女王、イヴであった。

イヴの美貌と、その美しいプロポーションは、たちまち男たちを魅了した。

風俗アイドルのイヴの人気は猛威をふるい『ＵＳＡ』の前に長蛇の列ができるほどだった。やがて、客となった大学生ら200名以上がファンクラブを立ち上げた。

一般誌にも特集記事が載るようになり、テレビの深夜番組『トゥナイト』では特番が組まれ、イヴの1日追っかけレポートまで放送された。

実はノーパンの女王イヴを、オレは以前から知っていた。イヴが歌舞伎町デビューした店は、オレが勤めていたぼったくりの個室ヌード『マドンナ』だったからだ。

場所は歌舞伎町のはずれ、西武新宿駅のそば。女の子は5人いて、個室は5室。総坪数13・

5坪の小型店だ。個室を厚いカーテンで仕切り、追加が出ると女の子が外の男子従業員に声をかける。カーテン前に男子従業員が立つと、その隙間から女の子が売り上げを差し出した。1万円、2万円と少しずつ追加をだす『タケノコ剥ぎ』の営業しかできない女の子が多い中、イヴは一発で5万円、10万円などと高額な金額を、いとも簡単に獲ることができた稀有な存在だった。

一度、カーテンの隙間から見えたイヴの裸身。きめ細かい肌と形のいい乳房に、思わずドキッとしたものである。ただ、意外なことにイヴは、ぼったくり店ではパンク（追加を払わない客）も多かったのも事実だ。美人にありがちな、冷たい印象を与えたからだろうか。無口でおとなしかったし、接客面で見れば、あまり客あつかいはうまくなかったように思う。

店の有線でつのだ☆ひろの『メリージェーン』がかかると、涙を見せることもあった。なにか、この曲に特別な思い出でもあったのだろうか。

少し陰りがあるのも、彼女の魅力のひとつだった。

ただ彼女は抜きんでた容姿ゆえ、ノーパン喫茶でこそスターダムにのしあがったが、もしぼったくりを続けていたら無名のまま歌舞伎町の露と消えていたかもしれない。

人の運命の数奇さを、感じずにはいられない出来事であった。

話が横道に逸れてしまったが、新興風俗に押されぎみであったノーパン喫茶ではあるが、それでも根強い人気を誇った。歌舞伎町上陸の1981年以来、17年後の1998年（平成10年）ノーパンしゃぶしゃぶ店『楼蘭』で発覚した汚職事件まで、ノーパンはしぶとく生き残っていた。

この『楼蘭』における大蔵省接待汚職事件では官僚7人（大蔵4人、大蔵出身の証取委1人、日銀1人、大蔵OBの公団理事）の逮捕起訴にまで発展。

この事件を最期に、歌舞伎町の『ノーパン喫茶』を継承した者は完全に姿を消したのである。そして、ノーパン上陸から4年後の1985年。歌舞伎町は風営法改正を迎え撃つことになる。2月13日……。この日は深夜になり、不夜城歌舞伎町のネオンが一斉に灯を消した、歴史的な瞬間であった。そして、多くの刑事らが徒党を組んで、歌舞伎町中を執拗に徘徊する。オレは真っ暗になった歌舞伎町と時代の変化を目の当たりにし、言い知れぬ不安と焦燥に心が揺れ動いたのを、昨日のことのように覚えている。

同年2月13日午前0時より実質施行された、俗にいう新風営法（風俗営業等の規制及び業務の適正化等に関する法律）は、乱立するノーパン喫茶、のぞき部屋、個室ヌード、個室マッサージなどの新風俗を規制する法律だった。もっと簡単にいえば、施行後、新しく店内に個室を設けることを禁止したのである。

ノーパン喫茶などの新風俗は『風俗関連営業』と区別され、新規の開業はできなくなった。ただし、施行前に営業していた店舗は、1985年1月13日～2月13日までの1ヶ月以内に新宿署に届け出を提出すれば、『既得権』を認められ、従来どおりの営業を続けることができたのである。ただし、これは人に譲渡することはできず、相続できず一代限りである。もし、永遠に続けていくなら、法人化するしか方法はなかった。

ぼったくり業者で個室型に改装した店は、みな同様に届け出を提出。面倒な講習を何度か受けさせられた。

いったい『風俗関連業』とはいかなるものなのか。個室マッサージ店の場合、営業の定義は「異性の性的好奇心を高め、それに接触する業務」という、なにやらわけのわからぬものだった。つまり、個室内で異性同士が裸になるなどして性対象者となる相手の性的な興奮を高め、それ（性的な好奇心が高まった性器など）に接触（手コキやフェラなど）する業務だ。まぁ、役所も法的な用語で書面を作らなくてはならないのだから、大変である。

この新法では教育施設と医療施設そのほか条例で定める施設の200メートルの区域内は、すべて禁止区域と決まっていたため、歌舞伎町にある新宿区役所内に小さな図書館を強引に設置し、教育施設と定めた。この図書館ができたため、歌舞伎町の主たる風俗店エリアは禁止区域内となった。これで、新規の営業はできなくなり、唯一、届け出た業者だけは『既得権』を認められた。

キャッチも新風営法施行後、できるだけ用心に用心を重ね客を引いた。だが、以前では捕まえることがなかった、客足（客を引いていくキャッチを尾行して店の前で捕まえる方法）での逮捕がキャッチを追いこんだ。

キャッチが逮捕されるのは、デカパン（客に扮した刑事を引いてしまうこと）と呼ばれるおとり捜査がほとんどであった。これでは、しっかりしたシキテン（店の見張り番）のいる店のキャッチはなかなか捕まらない。そこで、客足という逮捕方法が横行した。

いままでは営業許可（規制する法規）が存在しない店だったので、営業停止などの行政処分は適用されなかった。しかし、新風営法施行以後は、キャッチの逮捕は店の営業停止と直結した。風営法での営業停止が最低20日（1985年以前）だったのに比べ、新風営法違反（客引きの禁止）での摘発は30日前後から最長180日だ。

この時期、風俗バブルでさんざん稼いだオーナーたちは、間違いなく摘発されることを恐れた。かといって、風俗関連営業の『既得権』だけはほしい。そこで、名義人やダミーの社長などに届け出だけをさせ、野心溢れる者たちに『既得権』つきで店舗を貸そうとした。

25歳のオレにも、その話がやってきた。

ぼったくりの帝王への道

オーナーの安藤俊之（仮名）会長は、２店舗の個室ぼったくり店を経営していた。オレは大学生だったが『マドンナ』での営業実績が認められ、社長の菊地紀夫（仮名）に次ぐ役職の部長として2店舗の総責任者となっていた。

オーナーから、オレと社長に「各自1店舗ずつ借りないか？」と、申し出があった。菊地社長は最高の立地条件にある『アイドル』をオーナーから借り、部長のオレは集客のよくない『マドンナ』を借りた。このときの家賃は１３０万円。自身が部長職だっただけに、『マドンナ』の元家賃が52万6千円だということを知っていた。オーナーは80万円近く抜いていたのである。

しかも、それだけではない。

元の部下だったオレに、オーナーは保証金1ヶ月分に礼金1ヶ月分、前家賃1ヶ月分の合計３９０万円を預けることを要求した。結局、オレが独立するには、およそ４００万円のカネが必要だった。だが、オレも「ここが勝負のとき！」とばかりに全財産を吐きだし、オーナーとの契約に臨んだ。

（これでオレも一国一城の主だ）

契約書を交わしたオレは、帰り道に感慨深げに自分の店舗となった『マドンナ』を見た。過去、商業の町・大阪の豊かな商家に育ったオレは、一代で大きな百貨店を創業した祖父を子供のころから憧れていた。

「おじいちゃんみたいな商人になりたい」

商家に生まれたオレは、幼少のころから会社勤めすることはまったく考えず、商人になることのみを夢見ていたのである。

だが、オレが高校二年生になって、祖父、父、祖母の3人が1年間のうちに急逝した。家族6人が半分になり、しかも父と祖父という大黒柱を喪《うしな》ってしまったのだ。

今まで、なに不自由なく順風満帆な人生を送っていたオレは、突如、不幸のどん底に落とされたのである。

母が祖父や父の看病中、信頼していた番頭や、父の友人にも裏切られ砂をかむような悔しい思いもした。それでも遺された母とオレと弟は、必死になって祖父母や父が築いたものを守ろうとした。だが当時、心労のため身体を壊した母と、受験を目前に控えたオレと、高校一年生になったばかりの弟では、それもムリなことだった。オレたち遺された家族は、いつの日か一族の再興を誓ったのである。

それから8年が過ぎ、オレは若干25歳にして念願の独立を果たした。

まだまだ小さな一歩ではあったが、若くして歌舞伎町という日本一の繁華街に根を下ろすことができたオレは、本当に運もよかったのだろう。風営法が大幅に改正されることによって、摘発や逮捕を恐れたオーナーは店舗を名義ごと貸しだすことを考えた。これによって、歌舞伎町中に若き経営者が多く誕生した。新風営法改正後、オレもそんな新進気鋭の社長の1人だった。

そして、夢にまでみた独立が叶ったオレは、感動に酔いしれていた。

ただ、オーナーが手を引くことを知って、キャッチやスタッフたちは不安だったようだ。そこで、オレが独立する旨を伝えると、みなは喝采してくれた。2月になって、オレの経営による『新生マドンナ』はスタートした。

自身の経営なので、家賃や人件費ほか諸経費を引いた利益が、すべて自分のものとなる。オレは、今まで以上にぼったくりにのめりこんでいった。おかげで店は順調であった。

最年長のオレを中心に、若い従業員ばかりの営業。今、思いだしても、ゾッとするぐらいの怖いもの知らずだった。とにかく営業はイケイケで、客をタダでは帰さない。絶対にパンクさせないことを必須とした。

パンクを出さないで売り上げをあげれば、キャッチは稼げるので必ずウチの店に客を入れる。そして、客数が増えれば女の子も稼げる。

「とにかく、誰かがパクられるまで稼ぐだけかせごう」

オレはスタッフを鼓舞した。

この時期、増えてきた外国人観光客からもぼったくった。威勢のいい外国人客で女の子では獲れないときは、内ポケットに手を入れ拳銃を持っているかのように装った。

「Oh my God!」

いままでの勢いはどこへやら……彼らはたちまち両手を上にあげ、無抵抗のポーズをとる。銃社会で暮らす、外国人をターゲットにした非常時の対処法であった。

ここまでやりたい放題やっていると、さすがに目をつけられてしまう。

「おい、頼むから共産国の客からはぼったくるんじゃないぞ。料金ゴタどころですまなくなるからな。警察では抑えきれないぞ。大使館からクレームがつくと、外務省……いや、国家間の問題になるからな。オマエら、潰されてしまうぞ！」

オレをよく面倒見てくれた、新宿署の刑事からの忠告の電話だった。

やがて出る杭は打たれるの故事どおり、ウチの専属キャッチが3人矢継ぎ早に逮捕された。すべてがデカパンでの検挙だった。

ウチの店を狙い撃ちしたのが、はっきりとわかっていた。

（いよいよ、勝負のときだ）

独立を果たしたときから、心に秘めていたことがあった。それは、営業停止を迎えたときの対応だった。

オレは、警察などの司法への挑戦を決意していた。

まず、営業停止は避けられない。

風営法改正後の客引き行為でキャッチが逮捕された場合、複数人なら営業停止は60日前後であった。つまり、2ヶ月間は店を閉めなくてはならない。だが実情を考えれば、2ヶ月分の家賃260万円だけではすまされない。それは、営業停止中にかかる人的な保障であった。まず、ぼったくり店に必要不可欠なキャッチがいなくなってしまう。それを阻止するのは不可能だ。

彼らは店の従業員でなく、オールフルコミッションで仕事を請け負う営業マンと同じである。バンス（前借り）でもさせてやれば、営業停止終了後もウチの店に戻ってくるだろう。しかし、自転車操業で運営しているだけに、そんな余裕はない。他店が稼げるキャッチだと認めれば、逆にウチのバンスを返済させ、自分の店の専属にするだろう。これぱかりは、防ぎようがないのである。

1985年当時の風俗バブルのキャッチの稼ぎは、平均で2万円から10万円程度である。単純計算でも、月に5〜60万円から250万前後も稼いでいた。

これを保障するとなると、莫大な金額が必要となる。確かに利益は上げていたが、店舗の賃貸や内装費などの必要経費がまだ償却されていない。それに、店内の営業の要である女の子たちも、キャッチ同様に他店でアルバイトするに違いない。

順調に営業し、売り上げをあげてきただけに無念で仕方ない。なんとかならないか……オレは法律の抜け道を模倣した。

「個室マッサージ、マッサージ、マッサージ……あっ！」

オレの脳裏に閃光が輝いた。たった1つ、抜け道があったのである。それは、今の店舗を一般のマッサージセンターにすることだった。

個室を造ることは、新風営法で禁止されている。だが、保健所の管轄となるマッサージ施術店の許可なら、警察や東京都公安委員会に届け出をだす必要はない。

しかも、時間は24時間営業可能だし、個室は禁止されているが、カーテンでの間仕切りは許されている。

常駐するマッサージ師を店内に置き、白衣を着た女子スタッフにカルテを取らせる。問診中、客が変な気を起こし女子スタッフに下半身へのサービスを要求し、女の子たちが個人的に応じたとしても、店が関与していないなら問題はない。

突然、閃いたアイデアにオレは酔いしれていた。

「どうせなら、警察の連中をアッといわせてやるか。フフフ……」

舞い上がっているオレは、1人でほくそ笑んだ。

[redacted]

〝陰のオーナー〟逮捕

偽装個室マッサージ

新風営法の摘発を逃れるため、新宿・歌舞伎町の個室マッサージ店が、ニセカルテなどを用意したマッサージ治療所に偽装して荒稼ぎしていた事件で、新宿署は十九日までに、この店の〝陰のオーナー〟だった新宿区[redacted]（三六）を、同法（禁止区域内営業）違反容疑で逮捕、送検した。

同署の調べによると、[redacted]は、さる四月、同区歌舞伎町一丁目の個室マッサージ店の経営権を従業員ごと買い取ったが、前経営者時代から前後して従業員が客引き行為で逮捕され、同法で六十日近い営業停止の行政処分が決定的となった。このため、処分前に廃業届を出して行政処分を免れたうえ、一日一万二千円の約束で、埼玉県[redacted]のマッサージ免許取得者の名義を借りてマッサージセンター「スウェーデン」を五月に開店。マッサージ嬢に白衣を着せたり、ニセカルテを用意して治療所に見せかけ、同店が摘発されるまでの約四十日間に二千三百万円を稼いでいた。

[redacted]はこの店を中野区[redacted]、同店店長[redacted]（三三）（マッサージ師とともに同法違反で逮捕済み）の名義にしており、実質的オーナーの[redacted]は、マッサージ治療所の偽装が発覚しても、なお、表には出ない仕組みになっていた。

[redacted]

この記事の“陰のオーナー”が元となり、
ペンネーム影野臣直《陰のオーナー》となった

風営法や新風営法における営業停止は、公安委員会の聴聞会後に正式に決定する。「何月何日から60日間の営業停止」と、申し渡されたら廃業届を出す。

これで、オレの店舗は真っさらになる。そこで、店の賃貸契約を大家と新たな名義人で交わす。廃業日の午前中までに内装をすませ、すでに注文していた看板を営業開始時から設置する。これで1日も休むことなく、通常のぼったくり営業に入れるのだ。

変わったのは、マッサージセンターであるという看板と内装が少々。それに、女の子たちの白衣のコスチュームである。こうしてマッサージセンター『スウェーデン』という店名に変え、営業を再開したのだ。

オレは警察を、完全にナメ切っていた。

開店2日目、4～5人の私服刑事が開店と同時に店内になだれこんだ。これはオレの予測の範疇である。

マッサージ師は警察に、「ここは健全なマッサージセンターである」と主張。刑事たちは、渋々と引き上げていった。

「勝った！」

オレはシキテンを切りながら、刑事たちの悔しそうな顔を見て歓喜した。

それからも、何回か新宿署の立ち入りがあった。新風営法の施行により、風俗関連営業の届け出をだしている店舗への営業中の立ち入り権が認められていた。しかも、風俗関連営業以外の業種にも、同様に立ち入り権は行使されるのである。

マッサージ師は、「女子スタッフは施術のカルテを取るだけのアシスタントであり、一切マッサージ治療は行なっていない」と、同じ返事を繰りかえした。

だが、国家権力の権化である警察に逆らうことは、天に唾する行為と同じである。分別のつく現在のオレなら、こんな警察に逆らうようなことはしないが、当時の血気盛んなオレは「絶対パクられない！」と豪語していた。

まるで、『LUMINE』で逮捕された男と、同じことをやっていたのである。

そして開店からわずか40日で、マッサージセンター『スウェーデン』は警察の摘発を受けた。開店から40日間で上がった利益は、およそ2400万。逮捕された従業員は、オレの最初の部下となり『スウェーデン』の名義人でもあった丹下健彦《たけひこ》（仮名）と、マッサージ資格を持つ施術師の2人であった。

本来なら丹下が、すべての罪を背負って20日間の勾留を耐えれば事件は彼への罰金で終わっていたのだが、小心者の丹下はパクられた初日の取り調べですべて口を割っていた。

すぐにオレへの逮捕状が出され、体《たい》をかわし（潜伏）ていたオレは、新風営法施行後初の全国指名手配となった。

「お盆前に出頭しましょう。それまでは、絶対捕まらないでください。そのころになれば、手続きが面倒なので短い勾留日数ですむはずです」

弁護士は、オレに知恵を授けてくれた。この策はあたった。8月の初旬、弁護士と連れだって新宿署に出頭。それから、毎日あわただしい取り調べが続いた。5日目の検事調べのときである。

「……ということで、今度の事件を略式裁判で行なってもいいか」

調書を閉じた検事は、オレをギョロっと見た。

「はぁ……」

「つまり、正式な公判請求（起訴）をせず、略式の裁判で結審するということだ」

「それって、罰金……ってことですよねぇ」

オレは、してやったりと笑みを浮かべた。

「あぁ、そういうことになるな」

検事は、苦々しげにいった。

「やった！」

オレは、思わず立ち上がった。

「バカヤロウ！」

検事は悔しさからか、オレを怒鳴りつけた。そして、オレは検事の示した書類に署名し、指印（左手の人差し指。警察だけは右手の人差指）を捺《お》した。これで明日、罰金が科せられて釈放となる。

オレは出頭後。

1日目・新宿署取調べ（弁解録調書）→2日目・新検（東京地検への最初の身柄送検）→3日目・勾留質問（東京地裁へ身柄を10日間勾留することの宣告）→4日目・刑事調べ（事件の罪状認否）→5

日目・検察官中間調べ（事件の事実関係の有無）→6日目・在略パイ（略式手続による罰金刑で検察庁で釈放）と、わずか6日間で釈放されたのである。

「オマエの計算通りだったな。オレの負けだ」

オレを全国指名手配にまでして、莫大な捜査費用を遣った刑事は5日目の夜、留置場にまで顔をだし苦々しげにいった。オレの最後の押送前日のことであった。

そして、支払いを命じられた罰金は15万円。現在のぼったくり防止条例による罰金の最高額が50万円だから、かなりリーズナブルな判決であった。

メディアで大々的に取り上げられ、レディースサウナに全国指名手配の状が貼られた事件にしては、あまりにも早く軽微な処分ですんだ事件だった。

事件を終えたオレは、丹下を呼びだした。丹下はオレの前で頭を下げ、泣きだしそうな顔で言った。

「だって、起訴するぞ！　って言われたんですよ。起訴されたら、前科者になるじゃないですか。それで、それで、それで……」

事件解決後に丹下と会って、このセリフを聞いたオレは愕然とした。

（オーナーをパクらせないための名義人だろうが！　高い給料を払ってやっていたのに。あぁ、オレの人選ミスだった）

この従業員はその後、お笑い芸人になった

　オレは目の前でうつむいている丹下を見て、心の中でつぶやいた。丹下が、見てくれのわりに気が弱いのは知っていた。それを知っていながら、彼の男気に賭けたオレが悪かったのだ。店をなくしたオレは、その後、マドンナ時代からのキャッチの提案でポン引きグループを組む。ウチの従業員やキャッチを逃がしたくない。スタッフを食わしていかなくてはならないための苦肉の策であった。

　たかがポン引きというなかれ。歌舞伎町という繁華街に1つのグループを出すのは、店舗をオープンするのと同じぐらい大変なのだ。

　ポン引きグループを立ち上げるには、まず客を引くためにシマ持ちにローズ（承諾をもらうために話をつけること）を通さなくてはならない。そして、女の子にサービスをさせるためのホテルやレンタルルームとの契約。女の子を待機させ、呼びだすための喫茶店を用意しなくてはならない。

携帯電話のない時代。客が入るたびに喫茶店に電話を入れ、女の子を呼びだし指定のホテルの部屋へ派遣する。喫茶代もバカにならないので、店側と交渉して1日いくらかで飲食代を決めていた。幸い、深夜使用していないレンタールームがあったので、ウチのグループが独占で借りることができた。

このポン引きグループを、2年ぐらい続けただろうか。もちろん、ポン引きグループとはいえ、追加を獲ることを目的とした『ぼったくり営業』である。これが、なかなかおいしい商売だった。

店舗の家賃やガス水道光熱費がかからない。女の子は完全歩合なので、保証給や時給を支払う必要がない。レンタルルームの営業は深夜までできたので、警察に摘発されるのは売春幇助（売春の斡旋）によるポン引きの逮捕だけである。

キャッチと違い、ポン引きは責任のすべてを自分が負う。だから、店には迷惑がかからない。そんなわけで、オレはスタッフを食わすことができたのである。

「影野らは、今、無店舗で営業してるらしいぞ。しかも、なかなか儲かっているみたいだ」

そんなうわさが立ちはじめ、しばらくすると新しい店舗を格安で貸してくれるというオーナーが現れ、オレは快諾した。

この店舗が、のちのKグループの本店となる黒鷺ビル（仮称）8階の『MAXIM《マキシム》』である。そして、ここから始まったKグループは、逮捕までの11年間で店舗を5軒にまで増やし、歌舞伎町最大といわれるぼったくりグループにまで成長する。

Kグループのメッカといわれる、コマ劇場前の黒鷺ビル8階の『MAXIM』。わずか13坪半の小さな店からのスタートであった。

『MAXIM』の店名は、『客からMAXぼったくる』という我々の決意の意思表示である。

この時期、ぼったくり業界最大手の青澤竜也（仮名）率いる青澤グループの11店舗が大々的な摘発にあい、ほかの個室型ぼったくり店も営業形態を変え激減していた。追い討ちをかけるように、青澤グループ全店に国税局の察査（ガサ）が入る。青澤社長は、法人税法違反で2億円の追徴金を支払った。刑事民事の同時摘発に、さすがの青澤グループも衰退していった。

女子大生ブームとデジタルぼったくり

そんな時流もあって個室型に変わって台頭してきたのは、当時の女子大生ブームにのったキャンパスパブであった。

フジテレビの深夜の生放送、『オールナイトフジ』が女子大生ブームに火をつけた。

「ピチピチの現役女子大生がいますよ」

「女子大生とカラオケいかがです」

「当店の女子大生はデートＯＫですよ」

などとキャッチが声をかけるだけで、客は足を止めたものである。歌舞伎町は、右も左も厚化粧のニセ女子大生で溢れかえった。パブなので風俗許可は不要だ。保健所から飲食店営業許可を取り、深夜も営業するときは『深夜酒類提供飲食店』の届け出をだせば簡単に営業できた。深夜、遅くまで営業できる女子大生パブは、またまた歌舞伎町のぼったくり店の救世主となった。

余談だが、時期を同じくして『テレクラ』が誕生したように記憶する。今までの風俗店とは完全に分かれた、電話回線を利用するテレホンクラブなるものの誕生に、我々アナログ世代は驚いたものである。

「なんだよ、テレクラって……」

オレは、若い従業員たちに訊いた。

「はぁ、なんでも店内に電話ボックスのような個室があって、そこから電話をかけて女の子を呼び、そこでヌイてもらうみたいですよ」

「その女は、どこから来るんだ」

「さぁ、公衆電話から来るんじゃないですか」

「面倒な営業だなぁ」

　実際にオレたちが交わした会話である。テレクラの認知度は、昭和生まれのアナログ世代には、その程度の認識しかなかったのである。だが、そんな無知なアナログ世代を嘲笑《あざわら》うかのように、このデジタルな風俗は大盛況となる。テレクラはダイヤルQ2へ。さらにツーショットダイヤルや伝言ダイヤルなどへと進化した。

　そして、出会い系サイトの登場。風俗は広大なインターネット網を媒介とした電脳の世界へ進出していった。

　デジタル化した新風俗は、アナログ風俗とは別の形態で進化していく。のちに架空請求が始まり、オレオレ詐欺へと様変わりしていく。オレは、これを『電脳ぼったくり』(店舗のないデジタル世界のぼったくり)と呼ぶ。

　ダイヤルQ2の登場から、デジタル風俗業界は独自の発展を遂げていたのである。1989年(平成元年)のサービス開始当初、NTT側はニュースやテレフォン相談のような一般サービスに利用されることを想定していたらしいが、ほどなく成人向け情報提供業者が目をつけ、課金料金上限一杯の3分300円という料金を設定し、男女間のわいせつな会話や音声やツーシ

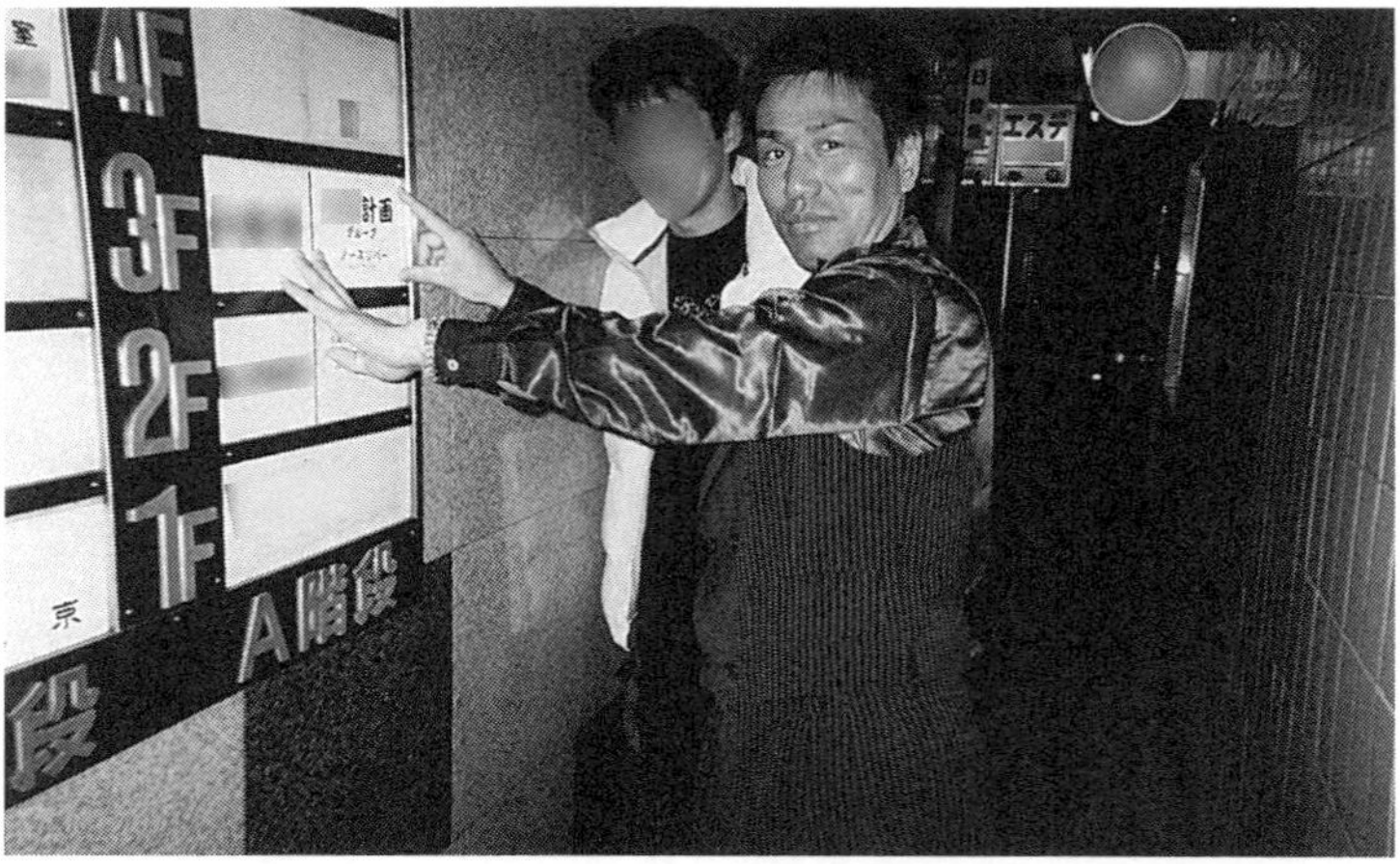

出会い系サイトを起ち上げたときの著者。
売り上げ次第では大入りを出すことも

ヨットダイヤル番組を提供するようになる。

気づいたら高額な請求額になっている。まさに電脳ぼったくりだ。そして、歌舞伎町で遊ぶ外向的な客とは違って、『オタク』などのインドア派の客層が電脳ぼったくりの上客となった。

しかし、爆発的な利用拡大に伴って、買春の温床になったり、若年者が長時間利用したことによる数十万円から数百万円という高額な情報料が発生し、社会問題となった。

また同時に不当請求事件（回線所有者自身がQ2を利用した記憶がないのにNTTから請求があるというトラブル）や、情報提供事業者が自ら偽造&変造テレホンカードを利用し、公衆電話から自らの提供番組に掛けて不当利益を得る、などの不正も起こった。

世論や事態を重視したNTTは、1991年（平成3年）情報提供事業者の電話回線の利用企画書をより厳しくチェックしたり、当初の利用企画書内容と異なる事業内容の番組の回線利用（ツーショットダイヤル）をしている事業のQ2回線利用契約を更新しない、といった規制に乗り出した。

これにより、1992年（平成4年）にはダイヤルQ2回線を利用したツーショットダイヤル事業者は事実上消滅している。

アナログしか知らない昭和世代には、考えられないことだった。ついつい話が横道に逸れてしまった。話を元に戻そう。

狂乱の歌舞伎町『マグロ』バブル

さて、女子大生パブでは『新歓コンパ』のノリで一気飲みが横行し、酔いつぶれる客が続出した。

やがて、この一気飲みを利用し、アルコール分96度のウオッカ『スピリタス』を飲ませ泥酔させてしまうことを考えたヤツがいた。

だが、通常のウォッカでは舌にビリビリきて、そのままでは飲みづらい。そこで、飲みやすくするためにウオッカに日本酒とライムを加え、ガムシロップで味を整える。いわゆる『マグロカクテル』が誕生した。

この『マグロカクテル』を、真っ暗な店内でホステスが客に口うつしで飲ませる。そして客に抱きつき、客の頭を持ったまま首を振って酔いを回らせるのである。これが、『マグロ』（冷凍マグロのように動かない泥酔客をターゲットにした強盗）営業である。あろうことか、このマグロ店が通常のぼったくり店を凌駕した。

マグロ店は歌舞伎町コマ劇場前に多く点在し、泥酔して意識を失った客を車に乗せて荒川の河川敷などに捨てにいく。今考えただけでも、背筋の凍るような営業だった。

それほど、この酒の威力はスゴいのだ。ブランデーグラスに入れ、火を点けると燃えあがる。飲みすぎると前後不覚になり、身体が痺れ、失禁する。このころ、歌舞伎町の路上を小便を垂れ流しながら歩いている酔客を、よく見かけた。

しかも、店の従業員も人目もはばからず、『マグロ』になった客をズルズル引きずって店外に連れだす。あとはシキテンが周囲に目を配り、泥酔客を車に乗せて遠くへ捨てに行く。実に堂々と、客を捨てにいっていた。キャッチはこの光景を見て、『マグロ』によって売り上げがあがったことを確信し、うれしそうに喜んでいる。

狂乱の『マグロ』バブルだった。当時、歌舞伎町で酔いつぶれた客が路上で寝てしまい、凍死した事件が少なくなかったが、その中の何件かはこの手のマグロ営業が絡んでいたことは間違いない。このようなムチャな営業がいつまでも許されるわけもなく、マグロ店は徹底摘発を受けることとなる。

ただのぼったくり営業での摘発ではない。『泥酔強盗』としての摘発であった。

世間でいうところの、強力犯である。強盗ともなると、最低5年以上の刑が科せられる。同時期に2軒のマグロ店、女子大生パブ『早慶女子大学』（仮称）とクラブ『99』（仮称）が検挙された。

経営者はともに初犯であるにも関わらず、5年以上の実刑判決を受けている。もちろん、執行猶予はつかなかった。

余談であるが、この2軒の店の経営者は出所後も問題を起こしている。『早慶女子大学』の経営者・山本健司（仮名）は社会復帰後にヤクザになり、その後、足を洗って実業家に転身する。その後、プロ野球界の某人気球団の当時監督だったH・Tの元愛人の日記を一億円で売ったとされ、渦中の人となった。

また、もう一軒摘発された『99』の織田信子（仮名）ママは、出所後、クラブ『梅美』という店を経営して、酔った客を屋外に放りだし、この客が死亡。『強盗致死』により無期懲役を科せられている。織田ママの泥酔強盗での逮捕は2度目であり、逮捕されたときはすでに老齢の域を越えていた。現行の刑法上の無期刑は、務めを30年を過ぎて初めて仮釈放対象者となる。ママの場合だと、100歳を越えないと出所できないはずである。あらためて、泥酔強盗の処罰の厳しさを感じさせられたものである。

その後、キャンパスパブ形式で続けられたぼったくり店は、2000年を過ぎたあたりから、キャバクラ形式のぼったくり店に進化する。

このあたりから、現在のぼったくり形式となったのである。

第三章

ぼったくりに とりつかれた奴ら

ぼったくり店開店秘話

人はなぜぼったくり店を経営するようになるのか？

ズバリ！　店の立地条件が悪いことが、第一の要因となる。

細い路地裏の袋小路や、大きなビルとビルの間にあるペンシルビル。また、間口は広くとも雑居ビルの5階以上にあったり、奥まった場所にあったりと、人目のつかないような店舗など。

一見客が入らないからキャッチを使って客を引く。

当然、キャッチに歩合を払わなくてはならないため、店側は飲食料金を通常より高く請求しなくてはならない。

ここで、ゴタが発生するのである。

確かにぼったくりは、売り上げをあげればあげるほど莫大な利益を生む。キャッチを使うことで場所のよし悪しは問わないし、開店する店舗の保証金などは安価ですむだろう。キャッチの人件費は、保証給ではなくほとんどが歩合制による。客を入れればいれるほど稼げるが、リスクが大きいことを忘れてはならない。

まず、普通に営業している店に比べ、逮捕される可能性があるということ。今まで一般社会人として真面目に生きてきた人も、ぼったくり営業を始めたがために前科者になることもある。キャッチで逮捕されたら、昔なら『ぐ条例』（迷惑防止条例）で警察での48時間拘留で2日後東京地裁で罰金1万円を支払い、パイである。

2000年（平成12年）以降『ぼったくり防止条例』が施行されたので、検事拘留20日間の罰金は30万円以上になるのではないか。

たとえ懲役にいかなくても、罰金でも前科は前科である。当然のことながら、身柄は留置場に勾留され、取調べがはじまる。そして、鑑識課により身長体重や肉体的特徴や指紋までも、警察や公安委員会の前科者リストに記録される。このように逮捕されて身柄勾留され、晴れて？前科者の称号を得ることができるのである。

前科者と認定されると、さまざまな弊害が生じる。まず、関係各官公庁が発行する免許や許可がとりづらくなる。例えてあげるなら、『銃砲刀剣類所持』『風俗営業許可』『古物商』などの免許を取得するのが一般人と比べ困難になる。生涯とれなくなるというのではないが、かなりの制約があり、諦める者が多いのが実情だ。

だから、風俗許可を他人名義でとらせダミー（名義人）を置くのだ。この名義人を立てることも、法律で禁止されている。風俗営業取締法違反の『名義貸し』である。そして、実質経営者は名義人の名で経営していたので、本人は『無許可営業』で捕まってしまう。実質経営者が風

別記様式第２号　　　　　　　　　　　（表）

平成17年　4月　2日

住　所
氏　名
生年月日

所　属　警視庁生活安全特別捜査隊
階　級　巡査部長
氏　名　[redacted]

命　令　書

あなたが行った下記の客待ち行為は、公衆に著しく迷惑をかける暴力的不良行為等の防止に関する条例第７条第３項の規定に違反するので、同条第４項の規定により、当該客待ち行為をやめるべき旨を命ずる。
（この命令に違反した者は、同条例第８条第６項の規定により２０万円以下の罰金又は拘留若しくは科料に処することとされています。）

記

１　日　時
平成17年　4月　2日　午後　7時　30分ころ

２　場　所
東京都新宿区歌舞伎町[redacted]

３　内　容
次に掲げる事項について客引きを行う目的で、公衆の目に触れるような方法で客待ちをしたもの

☑ わいせつな見せ物の観覧　　☐ わいせつな見せ物を仮装したものの観覧
☐ わいせつな物品の販売　　☐ わいせつな物品を仮装したものの販売
☐ わいせつな行為の提供　　☐ わいせつな行為を仮装したものの提供

☐ 異性による接待（性的好奇心をそそるために人の通常衣服で隠されている下着又は身体に接触し、又は接触させる卑わいな接待に限る。）をして酒類を伴う飲食をさせる行為の提供

☐ 異性による接待（性的好奇心をそそるために人の通常衣服で隠されている下着又は身体に接触し、又は接触させる卑わいな接待に限る。）をして酒類を伴う飲食をさせる行為を仮装したものの提供

備考　用紙の大きさは、日本工業規格Ａ４とする。

警察から送られた客引き防止条例違反の命令書

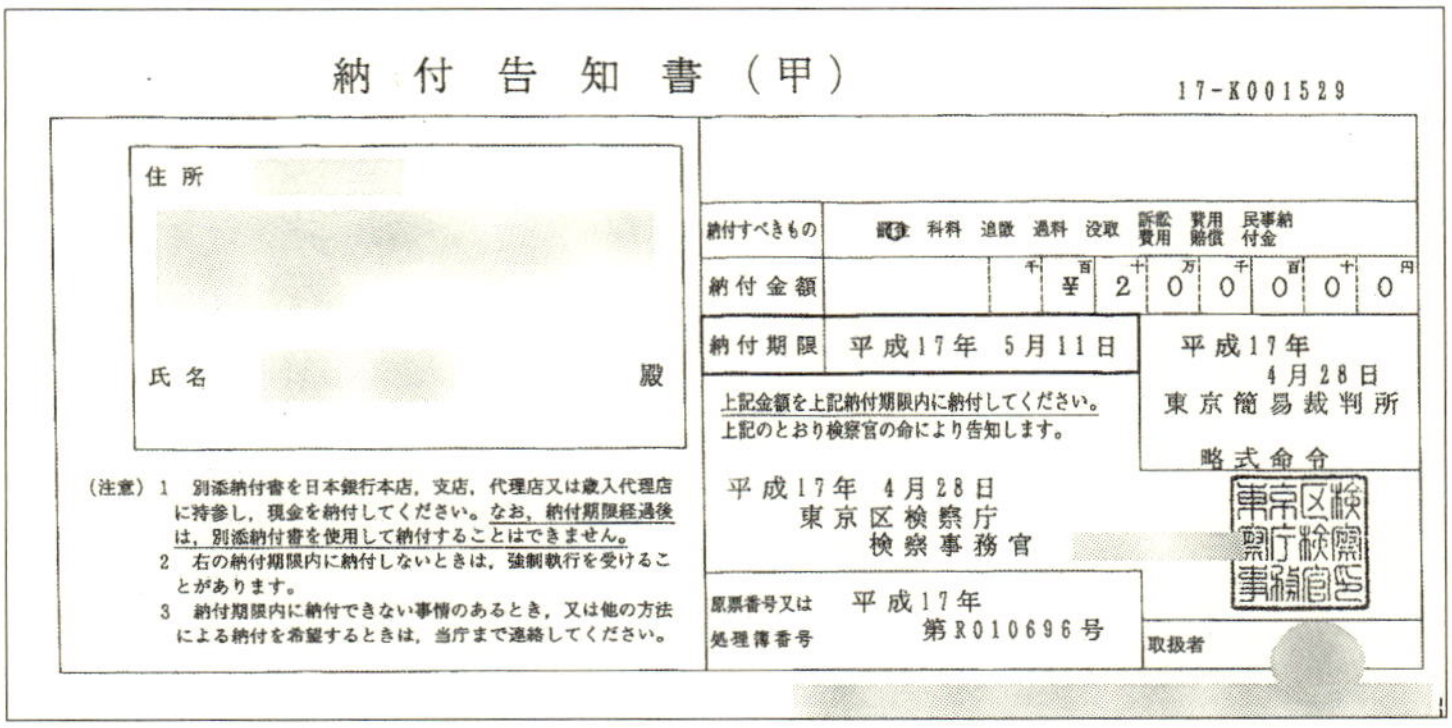

納付告知書（甲）

17-K001529

住所

氏名 殿

（注意）1 別添納付書を日本銀行本店，支店，代理店又は歳入代理店に持参し，現金を納付してください。なお，納付期限経過後は，別添納付書を使用して納付することはできません。
2 右の納付期限内に納付しないときは，強制執行を受けることがあります。
3 納付期限内に納付できない事情のあるとき，又は他の方法による納付を希望するときは，当庁まで連絡してください。

納付すべきもの	罰金 科料 追徴 過料 没収 訴訟費用 費用賠償 民事納付金
納付金額	￥2000000
納付期限	平成17年 5月11日

上記金額を上記納付期限内に納付してください。
上記のとおり検察官の命により告知します。

平成17年 4月28日
東京区検察庁
検察事務官

平成17年
4月28日
東京簡易裁判所
略式命令

原票番号又は処理簿番号 平成17年 第R010696号

取扱者

右記命令書の罰金納付書

俗営業許可をとらないで、風俗店を営業していたと捉えられるからである。

つまり、ぼったくり店を営業したことにより前科持ちになってしまい、新たな店を出そうにも風俗営業の許可がおりないのだ。

真っ当な営業なら、風俗営業許可をとらなくてもいいのでは？　と考える方も多いと思う。だが、風俗営業許可をとらないと接待行為（接客）が行えない。

まず、店にきた客にドリンク類をつくってはいけないし、カラオケを勧めてもいけない。カラオケを熱唱した客に拍手をしてもいけないのである。

これでは、たとえ法に違反しない営業とはいえ、客は楽しくないだろう。いや、高いカネを払って、カラオケを歌って拍手もしないようなホステスなど、逆に客を怒らせてしまうかもしれない。

オレのぼったくり稼業の先輩に、鹿児島太（仮名）という社長がいた。

鹿児島社長の名刺の肩書は、『土地家屋賃貸業』となっている。現在は、ある地方都市で閉店したデパートを買い取り遊興ビルにし、それを細かく小店舗に分けてリースし、家賃収入だけで悠々自適の生活を送っている。

だが過去は、オレ同様にぼったくり店の陰のオーナーだったのである。

もともと鹿児島社長は腕のいい大工だったが、一戸建て専門の大工仕事に見切りをつけ、家屋のリフォームや店舗の内装専門の大工となっていた。鹿児島社長の先見性があたり、内装業専門の大工として成功し独立をはたす。商売は順調だったが、ある店舗の内装を引き受けた会社から振りだされた手形が商売に失敗し、不渡りをくらってしまう。金額が数百万円程度であったので、彼の会社はなんとか倒産を免れた。

だが、窮状は変わらない。負債者も失踪したまま。連絡もとれないうえに、資産や抵当となるものはなにもなかった。

仕方がないので、鹿児島社長は店舗を差し押さえた。大工一筋できただけに、水商売などできるわけもない。そこで簡単な内装をかけ、自分の店として知り合いの不動産業者に斡旋を頼んだのである。

「社長、いい人がいますよ。ただ、少し予算的なものが足りなくって……1度会って相談したい、っていってるんですけど……社長、会ってみませんか」

懇意にしていた不動産業者が、鹿児島社長にいった。厄介な店舗を、なんとかしたいと思っていた矢先に渡りに船の話だった。鹿児島社長は、その男に会うことにした。

「どうも、はじめまして。坂本敏也（仮名）と申します。よろしくお願いいたします」

「あっ、どうも。はじめまして、鹿児島太です。こちらこそ、よろしくお願いします」

2人の出会いが、一時期の歌舞伎町のぼったくり勢力図を変えることになる。運命的な出会いだった。

坂本は独立心旺盛な男だった。当時、会社勤めにも倦《う》んでいた。そして長年勤めた会社を辞め、夢にまで見た独立を決意したのである。男なら誰もが憧れる、一国一城の主を目指した。

しかし、自己資金ということで、予算的には余裕がない。ならば現金商売ということで、一見客が多く集まる歌舞伎町に店を出すことに決めた。

だが、新規の店舗をだすには、坂本の貯金ではムリがあった。そこに現れたのが、鹿児島社長だった。鹿児島社長は坂本と会って、一目で気に入ったようだった。

「じゃあ、最初の保証金や前家賃は、アンタを信用していらないよ。そのかわり……」

鹿児島社長は家賃のほかに、計上利益の何割かを入れることで坂本に経営を任せたのである。坂本はチャンスをつかんだと思い、懸命に店舗を生かす方法を考えた。

キャバクラにするか、クラブにするか。内装にカネをかけられないなら、ガールズバーでもいいし、居酒屋でもいい。とにかく料金は安く、誰にでも喜ばれる店作りを目標とした。商売の基本原則は、薄利多売である。最初の3ヶ月は赤字でもかまわない。先行投資だ、出血大サービスだ。店が繁盛すれば、値上げを考えればいい。

確固たる自信を持って店はオープンした。開店後の1週間は、坂本の友人知人が集まりなかなかの盛況だった。

だが、10日目をすぎたあたりからバタッと客足は遠のき、2週間目に入ったころには店内に閑古鳥が鳴いた。

歌舞伎町という土地柄、キャッチやポン引きなどの客引きが多く、広告やネット情報できた客も入店前に奪われてしまう。

坂本の思惑が外れ、一見客がまったくこないのである。しかも、坂本自身水商売の経験もないので、店を支えてくれる常連客もいない。友人知人にばかり頼ってもいられない。このままでは店は潰れてしまう。坂本は頭をかかえ悩みこんだ。

そんな、ある日。顔見知りになったキャッチの1人が、サラリーマン風の客を連れてきてくれた。

「坂本さん。この人、どこかそのへんのぼったくりバーでボラれたらしいんですよ。あまりに気の毒だから、3万円ぐらいの予算で飲ませてやってください」

3万円といえば、この店の客単価の3倍である。坂本は快諾した。思わぬ新規の客の出現に、店はホステス総出でもてなした。店内は、華やいだ嬌声で溢れかえる。客も、終始笑顔で飲んでいた。

「ごちそうさま。楽しかった、また来るよ」

気持ちよく飲めたからなのか、店側の上にも下にも置かぬサービスが功を奏したからなのか。客は満足そうに店をでた。

満面の笑みで、見送るホステスたち。客はヨタヨタと千鳥足で、歌舞伎町の雑踏の中に消えていった。

「坂本さん、どうもすんませんでした。ウチの店でゴタ（料金トラブル）った客です。いつまでもキャッチを探して、ウロウロしているので仕事にならない。仕方がないので、良心的な社長のお店に捨てさせていただきました」

キャッチは、悪びれずにいった。捨てるとは、トラブった厄介な客を別な店に入れてしまうことである。客も喜んで帰ったのだから、彼の計算どおりにことは運んだ。

坂本の目が険しく、キャッチを睨む。

「また、あんな客がいたらお願いしますよ。今度は、ちゃんとお礼はいたします」

キャッチの意に反し、坂本から思いがけない言葉が返った。坂本は客引きを使い、店の生き残るべき活路を見いだしたのである。

「わかりました。ある程度の予算は聞いておきますけど、多少は高く獲ってもいいですよ。ボクら、客の状況やサイフの中身は把握してるんで。もちろん、おとなしい客ばかりで、厄ネタ（面倒な客）は連れてきませんから……」

キャッチは、エレベーターのボタンを押す。そして、振り向きざまに、思いだしたようにいった。

「あっ、坂本社長。ここはカード使えますよね」

「はい、もちろん」

今のクレジットカードだと、コンビニのＡＴＭで現金をキャッシングできる。しかし、当時はキャッシングなどできなかった。

そのかわり『カード割引屋』があって、クレジット会社に払う手数料7％に8～18％の手数料を払えば、即日換金してくれる便利な業者がいた。

当然、カードを持っていて、限度額さえ残っていれば店での支払いにも使える。

「それなら、バッチリですよ。ただ、どんな客でも店をでるときは連絡をください」

「わかりました」

坂本は力づよく答えた。

キャッチは、ニヤッと笑ってエレベーターに乗り込んだ。

かくして坂本を中心とした、新たなぼったくり店が歌舞伎町に誕生したのである。鹿児島と坂本のグループは稼ぎに稼ぎ、吉祥寺に5店舗と歌舞伎町に3店舗をだすに至った。

もちろん、鹿児島社長の金銭的なバックアップがあっての成功であった。鹿児島社長は味を占め、格安物件やワケあり物件を押さえ、そのすべての店舗を坂本に委託した。

「鹿児島社長の家の応接間の壁に、大きな金庫が設置されているんです。社長からカネを受けとりにいって、はじめて金庫の中を見ましたが、万札がぎっしりあって数億円はあったんじゃないかなぁ」

坂本は、当時を振りかえり述懐する。これは、煮ても焼いても食えない不良物件が、ぼったくりによって金の卵を生む鶏に変わった一例である。

では、そもそも一般的？　なぼったくり店は、どのようにして営業しているのだろうか。

前述したように、店の料金の設定権は店側にある。日本が資本主義国家である以上、個人や法人は経営において利潤の追求を第一の目的とす。当然、経営はボランティアではない。客を喜ばせるために、赤字経営になってはならないのだ。

まず、店を開店するにあたってかかった、敷金礼金や不動産仲介料などの償却。毎月、支払わなければならない家賃に人件費。そのほか、管理費や水道電気ガスなどの光熱費。酒代やおつまみなどの仕入れも、大きな出費である。店のマットやトイレのタオルや、カラオケがある店なら機械などのリース代。名刺代や伝票領収書などの文具代。細かいものなどを合わせれば相当な金額がかかる。

その出金を営業日数で割り、1日の最低必要経費を算出する。さらに、それを入店客数で割ったものが、個々の客単価となる。

何度もいうようだが、店の営業は慈善事業ではない。

必要経費が1日10万円で、1日10人の客が見こめるなら客単価は1万円以上でなければ利益は計上されない。2人の客しか入らないなら、客単価5万円以上は欲しい。1人の客しか入らないなら、客単価は10万円以上となる。ちょっとした、銀座のクラブなみである。だが、銀座のクラブにはゴタがない。一晩で何百万円請求されても、客はぼったくりだと非難しない。銀座という土地柄なのか。歌舞伎町との格差なのか。

否、客が自分の意志で店を選んでいるからである。つまり、客引き（キャッチ、ポン引き）が入店に介在して、はじめてぼったくりが生まれるのだ。キャッチの甘言に惑わされ、低料金だと思って店に入店する。そこで、自己の想像の範疇を超えた料金を請求されたとき、人はぼったくり被害に遭ったことを認識するのである。

基本的にキャッチは、江戸時代の宿場町で横行した飯盛り女たちの客引きのころから、百年以上経つというのに根本的なものは変わっていない。口八丁手八丁、相手の射幸心をうまく煽って客を連れていく。ただし、客を引くアイテムは、驚くほど進化を遂げている。

坂本がぼったくりを始めたころ、昭和天皇が崩御しバブルの終焉とともに社会は全国的な不況に陥り、カネがないが遊びたいという客たちが繁華街に溢れた。このあたりからであろうか。キャッチが当時氾濫していた風俗雑誌を切り抜き、パウチ加工して客の目の前でチラつかせて足を留める。客は、おもしろいように釣れた。

デジタル化したキャッチ

現在は、キャッチのアイテムはさらにデジタル化している。パソコンやアイコラを駆使し、自家製のフライヤーや小冊子を作っているキャッチもいた。そして、今やタブレット端末を所持するキャッチが増えている。粗悪な写真からタブレットの普及により動画で紹介できるのである。ネット上には、あらゆる動画や画像が氾濫している。取り放題、見放題、使い放題である。これほどの規模の宣伝素材は、過去に存在しない。

「ウチの店ではですね。こんな娘が……」

キャッチが示すタブレットの画面に、目を釘付けにする客、客、客。ネット社会らしい、新手の客引き法である。

古典的な手法で、客から法外な料金を獲るぼったくり店。時代の先端を担う端末を駆使するキャッチたち。まさに、『温故知新』という故事がそのままあてはまるのが、ぼったくり店とキャッチの現状なのだ。

おかげで、それまで「当店では客引きは使っていません」を謳い文句にしていた風俗の案内所までが、デジタル世代のキャッチの猛威で客が激減した。

こうなれば、キャッチやポン引きをぼったくり店が利用しない手はない。絶対安心と信頼されていた案内所まで、ぼったくり店と提携するところが増えてきた。しかし提携とはいえ、店舗を構える以上は信用を失ってはならない。そこで、ぼったくり店と密な連絡を取り合う。ゴタった客が店をでるときは、案内所の従業員としてモメることがないよう細心の注意を払う。店側からの一報により、そのままドロンを決めこむのである。案内所の営業は、風営法の規制により深夜1時まで。ボラれた客が店に戻ってきても、閉まっている場合も多い。もし開いていても、無人の案内所が多くなったことが優位に働く。

「そのへんのキャッチが、案内所の従業員のふりして店に連れていったんだよ」

仲間のキャッチがフォローにまわる。見事なまでの連携プレーである。

キャッチのがんばりに、店側も応えようとする。多くのぼったくり店は、キャッチが入れた客の売り上げによって歩合を支給する。だいたいは、売り上げの2割前後が相場というところか。

だから、店が売り上げを上げるほど、「あの店は稼げる」と噂が立つ。「カネは獲れるがタレこみ(警察へ訴えること)が多い」など、「イケイケの店だ」と噂されるところも多い。が、いいにしろ悪いにしろ、評判になればなるほど店は繁盛するのである。

売り上げだけではない。入れた客の本数に、賞金をつける店も多い。5本入れたらいくらの賞金、10本入れたら何万円など……。客さえ入ればしめたもの。あとは売り上げをあげるだけである。

一例をあげれば、セットを1万円程度に設定しても、チャームやオードブル。フルーツに一品。女の子のドリンク代。ほかには、タイムチャージがある。基本的に、ぼったくり店は自動延長である。自分から帰る意志を告げないと、延長料金が発生し続ける。タイムチャージと称し、30分毎に延長料金5千円~1万円は取るだろう。

そして一例だが、これら算出された小計にサービス料40~60%。テーブルチャージ10%、ボックスチャージ10%、ミュージックチャージ10%などを例によって累計で加算していく。当然、消費税も加算される。一番安く見積もっても、小計金額の2・5倍以上となる。

現在のぼったくり店では、座った時点で小計が1人最低5万円前後になるように設定されているのだ。メニュー通り5万円の小計で計算すれば、累計加算で1人12万5千円。4人ならば50万円。しかも、この金額設定はメニューにきっちりと明示されているから、違法性はないと突っ張るのである。

「おカネに余裕がないなら、オーダーをだす前にメニューを確かめればいい。女の子に、料金システムを尋ねればいい。確認しなかったのは、アナタの責任でしょ」

これが店側の言い分である。

だから、モメた客を警察に連行して払わせる、ということが可能なのだ。これが現行のぼったくり店だ。

そのおかげでぼったくりが再ブレイクした2015年ごろの歌舞伎町交番には料金トラブルがらみで、客と店の従業員が列をなして並んでいた。歌舞伎町交番には、両者が警察立会いのもとで話し合う取調室が3室しかない。店側は、警察の前で『民事不介入』を振りかざし、これが刑事事件でないことを主張する。警察のメンツも丸つぶれだ。なぜ、このような事態をまねいたのか。

過去、ぼったくり店で客を脅したり暴行を加えると、強盗や恐喝に値した。現にオレも、『梅酒1杯15万円事件』で、強盗、恐喝2件、風営法違反を合わせ、4件の罪で起訴された。当時の被害総額は、摘発された店1軒だけで5億2千800万。ほかに4店舗経営していたから、被害額は推して量らんばかりである。一審の求刑は8年、判決は5年。控訴して、二審で4年6ヶ月の実刑判決を受けた。

オレが起こした事件は、ぼったくり店の料金トラブルが強盗（泥酔強盗を除く）と認定された最初の事件だった。

だが、強盗や恐喝ばかりでぼったくり店を摘発していけば、刑務所は満員となってしまう。杞憂した司法は、翌年、『ぼったくり防止条例』を施行した。

ぼったくりは本来、民事であるが、度を越すと刑事事件として処罰されますよという、なんとも中途半端な条例案だった。つまり、ぼったくり防止条例のガイドラインに沿っていれば、摘発はできないことを裏付けたのである。

凶悪なる歌舞伎町キャッチ

ぼったくりを知るうえで、キャッチを語らないわけにはいかない。キャッチが客を入れなければ、ぼったくりは存在しないのである。

ぼったくり被害者の100％は、キャッチの甘言に惑わされ、3千円だ、4千円だ、と思って入店する。そこで、自己の想像の範疇を超えた料金を請求され、ぼったくり被害に遭ったことを認識するのだ。

かつてキャッチは店と専属契約をしていたが、ここ昨今は完全なオールフルコミッションのフリーランスである。キャッチは稼げるときは日当10万円以上稼げるときがあるが、客が1人も引けなかったら収入は0円。交通費や食事代などが赤字となる。

「さぁ、稼ぐぞ！」

月末の週末など、なにかと支払いもある。意気揚々と歌舞伎町に出勤してきて、何時間もクチ開け（最初の客）がない。まして、ほかのキャッチが次々と客を入れているとなると、彼らの周囲にはいいしれぬ焦燥感と悲壮感が漂う。

「なんとしても、お茶っぴき（1日中、客が引けないこと）だけは避けなければ……」

さらに声をかけまくるが、そんなときに限って反応が悪い。イライラが頂点に達したとき、怒りの矛先は客に向けられるのだ。そして、不幸な犠牲者が現れる。

店での被害を話してくれる被害者は多くとも、キャッチの被害に遭ったことを語る者は少ない。なぜなら、客が店からうけた被害は数十万円なのに対し、キャッチからうけた被害は数千円だと勘違いするからである。

確かに、キャッチは3千円～5千円程度の金額を客に提示し、店に連れていく。店を決めるまで客との会話で、雑談やジョークを交えて友人のように接する。

「安くしてもらった」

「まじめそうな人柄だった」

「いろいろ親身になって教えてくれた」

一流のキャッチは、人心掌握の天才である。

客のムリをきくので、客が勝手に『いい人』と思い込むのである。心理的なトリックといっていいだろう。前述したが、一般的に客引きは仕事上キャッチかポン引きかに分かれる。摘発されてもキャッチは『客引き防止条例』で、ポン引きは『売春防止法（売防法）』と分けて裁かれるのである。

本来なら東京都の条例に過ぎない客引き防止条例と、全国で施行されている売春防止法とでは分類が違う。たとえば、客引き防止条例で初めて逮捕された場合、その管轄の警察署の留置場に10日〜20日間の身柄勾留で、罰金額が30万円と高額だ。

施行前は、キャッチが逮捕された場合は『東京都迷惑防止条例（ぐ条例）』違反で、勾留2泊3日の罰金は1万円という軽微な罪で地検パイ（東京地方検察庁に送られて、その場で釈放）であった。

売春防止法で逮捕されたポン引きたちは3回目で起訴されるが、1回目2回目は所轄の警察署に10日～20日ほど身柄を勾置され、売防法規定の罰金5万円を支払って地検パイとなる。
つまり条例違反したキャッチの罰金のほうが高くなった。歌舞伎町の客引きたちは、この罰金の高騰に不満を隠せなかった。

さもあろう。傷害事件（傷害罪・15年以下の懲役又は50万円以下の罰金）の被疑者が、2回目に累犯として逮捕され、支払う罰金額の相場が30万円前後だったという。

初犯なら、ガラ受け（身柄引受人）がしっかりしていれば、身柄勾留されることもなく在宅（身柄を自宅において、取り調べ）で捜査され、略式裁判にて15万円前後の罰金で事件は終わるだろう。

もちろん、事件においての計画性やケガの重さなどによっても違ってくるのだろうが、酒に酔ったなどの勢いでの突発的なケンカなどの傷害事件での相場は、傷害の罰金額の上限50万円まではいかなかった。

その傷害事件犯と、同額の罰金を客引きであるキャッチが支払わなくてはならないのだ。

犯した罪の重さに比例して罰金額は決まる。人にケガを負わせた者が、客を案内した者の罰金より少ないというのはいかがなものか。

だが、プロ集団のキャッチの中にも、デキの悪い武闘派もいる。キャッチは、まず客の見極めが肝心である。冷やかしなのか、本気で遊びたいのか。からかってくる客にいくらバン（誘い）をかけても、適当にあしらわれるだけだ。そこで、サッと気持ちを切りかえ、次の客に声をかけることができるのがプロのキャッチ。プロに徹しきれないキャッチは、怒りにまかせ客に暴力を振るう。そして、殴るだけなぐったら体（ガラ）をかわすのだが、残されたキャッチは現場に警察官が押し寄せ仕事にならない。

キャッチは客を引けないし、当然、店には客が入らない。悪質なキャッチ1人のために、ぼったくり業者の多くが被害を受けるのである。

オレが現役時代、客とキャッチがトラブり、殴られた客が頭を強く打って死んだことがある。客がキャッチにカランだことが原因だったため、そのキャッチは『過失致死』で懲役3年の実刑判決をうけて刑務所に服役。本来なら、『傷害致死』で起訴されるはずだったが、周囲の状況から客が悪いと判断されての温情判決だった。

それでも、3年の刑期を刑務所で務めたのだから、キャッチにすれば迷惑な話であった。そんなわけで、次は客とキャッチのトラブル被害を取材してみよう。

知人の九頭勇太郎（仮名）は、歌舞伎町大好き人間だ。本業は週刊誌『F』の敏腕記者である。とくに芸能人のスキャンダル系の隠し撮りには抜群の腕前を見せた。

（好奇心が強く、歌舞伎町でいつも呑んだくれているコイツなら使えるな）

オレは、九頭にぼったくり被害者のインタビューを試みてもらうことにした。九頭は快諾してくれた。

まずは、バンコウ前での張り込みから開始する。それが、現在のぼったくり被害状況を調査する最良の方法であると思えた。

九頭は、熱心に交番の様子をうかがっていた。もっとも張り込みとはいえ、相手は被害者ばかりではなく、ぼったくり店ともことを構えるかもしれない危険な仕事でもある。九頭の背中には、言いしれぬ不安が漂っているかのように見えた。

2日間は、こともなく過ぎた。交番に異変が起きたのは、九頭張り込み3日目の2015年6月12日の金曜日のことであった。

被害者1　キモオタくん編

花金でにぎわう歌舞伎町に、ワイシャツが破かれた異様なサラリーマン風の男が交番から姿を現した。酔っているのだろうか、フラフラと歩くというより、ヨタヨタと歩くという表現の方がふさわしいかもしれない。一見、頭髪は坊ちゃん刈りでメガネをかけた、キモオタ風のサラリーマンのように見える。足を引きずって歩くので、かなりのケガをしているように思えた。満身創痍だったうえに、よい感じにぼったくられたのだろうと思い、九頭はインタビューを試みた。

相手に逃げられないように満面の笑みを浮かべ、まじめなジャーナリストを装いキモオタくんに話しかける。

「すいません、週刊誌『F』記者の九頭と申します。今、歌舞伎町のぼったくり状況を調査しています。ご協力ください」

キモオタくんは一瞬、訝しげな表情を九頭に向けた。そんなことはお構いなしに、九頭は交番から出てきたことの詳細を訊いた。

キモオタくんは名を沢崎仁（仮名）といい、どこにでもいる普通のサラリーマンだった。

「そのキズ、どうしたんですか。もしかしてぼったくり店でヤラれたの」

九頭は興味深々に、沢崎に尋ねた。

「えっ、確かにボコられましたが、ボクはぼったくられる前にやられたんで……」

ビビっているのだろうか、沢崎はいかつい九頭を不審そうに見た。

「えっ、じゃあ、なぜ交番にいたの？」

沢崎の第一声で、なんだかよくわからないヤツだなと九頭は思ったという。だが、好奇心の強い九頭は、当り前のぼったくり事件より、血だらけになった沢崎に興味を持ったようである。

「歌舞伎町には、ただなんとなくフラッときたんです。それまでは、仕事場の近くで飲んでいました。でも、そんなに酔っ払ってはいないですよ。ビールをグラス3杯と焼酎一杯くらいしか飲んでませんので……ちょっと、気分がよくなったレベルです」

確かに、血だらけのわりには口調は落ち着いていた、とは九頭の後日談である。

「最初、靖国通りから歌舞伎町の桜通りに入って、区役所通りに出て、一本入ったくらいの交差点で話しかけられました」

まどろっこしく理屈っぽい沢崎の話しぶりに、九頭はイラついたという。

「とどのつまりは、風林会館あたりでしょ」

九頭は簡略にまとめた。

「今思えば、一番ぼったくりのキャッチが多いところですよね。金髪に近い茶髪をバックにかきあげた感じのキャッチに話しかけられたんです」

声をかけてきたキャッチは、どうイメージしてもマトモな風体には見えない。

（オレを見てビビっていたくせに、よくそんなガラの悪いヤツに、引っかかったな）

九頭は、心の中でつぶやいた。

九頭の風体は、ボウズ頭に45度のサングラス。薄い口ヒゲを蓄えている。そのうえ、記者のくせに白のセットアップを着ているので、当番あけ（ヤクザ事務所の電話当番を終えること）のヤクザに見えなくもない。

そんなガラの悪い九頭にも慣れたのか、沢崎は動じることなく話しだした。

「で、キョロキョロしていたら、『今日はなんですか？　ヌキですか？　いい店ありますよ』と声をかけてきたんです」

強面のキャッチは、満面の笑みだった。そんな笑顔に騙されないぞ、と沢崎は心の中で思ったという。

「あっ、結構です」

小さな声で返事を返す、沢崎。

それでも執拗につきまとい、話し続けてくる強面のキャッチ。このとき、沢崎の心に、少し興味が芽生えはじめていた。

「い、いくらなの？」

沢崎は、小さな声でつぶやいた。

（釣れた！）

キャッチは、内心飛び上がりたかったことだろう。

歌舞伎町に彼がきたのが遅かったので、時刻はすでに午前0時を過ぎていた。これから終電車で帰る気にもならない。かといって、なじみの店などないうえに、飲みにいくほどのおカネもない。

「6千円でいいですよ。今なら、かわいい子いますよ！」

そんな気持ちを読みとったかのように、沢崎クラスのサラリーマンでも支払えるだろうという金額を提示する。

「記憶はちょっと曖昧なんですけど、40分で6千円だったかな？　しきりに『かわいい』を強調されて、情けない話ですが触手が動かされてしまい……キャッチにはセクキャバだと言われました」

沢崎は、少し口元を歪めていった。

「女の子が気に入ったら、ヌキもできますよ」

キャッチは、沢崎の耳元に口を近づけてささやいた。

意外に冷静だった彼は、（6千円で40分じゃヌケけないだろう）と思ったという。

「ウソでしょ」

沢崎の体内には、まだ少し酒が残っていたのだろうか。自身の口から思わぬ言葉が飛びだした。

「ワタシはウソはつきません！」

キャッチは少し語気を荒らげていったが、沢崎は無視を決めこんだ。何度も頼みこむキャッチ。2人は、しばらく並んで歌舞伎町を流し歩いた。

「アナタを信用するしかないけど、本当にそんな店があるの？」

あまりにも執拗に食い下がるキャッチに、困惑した沢崎が再度尋ねた。

「絶対、ウソはつきませんよ！」

鸚鵡《おうむ》返しのように答えるキャッチ。そのまま区役所方面に歩いていくと、短髪の黒髪の男がキャッチのいう店の前で待っている。

「ワタシが担当しますよ」

満面の笑みで迎える、短髪の黒髪男。

「アナタは、キャッチからなにを聞いているんですか？　ワタシが言っていることを聞いていたんですか？」

いきなりの沢崎の言葉に、短髪黒髪は唖然とした。

「セクキャバがどうのこうのっていうんで、料金を訊いたら40分6千円だとか、かわいい子がいるとかヌキがあるとか……それって本当なんですか」

沢崎は、新たに現れた短髪黒髪に問い正した。

「残念ながら、ウチはヌキはないです」

短髪黒髪は、困ったような表情で答えた。

「じゃあ、さっきの人はウソをついていたんですね」

「……」

「ボクは、ヌキにしか興味がないんで」

「………」

あまり自慢できるようなものでもないセリフを残し、沢崎はその場を去った。

「やっぱりウソだったので、ぼったくり店だったんだなぁと思いました。そのあとコンビニで立ち読みとかしていたんですよ、30分くらい。で、終電近くになったから帰りました」

サッサと帰っていれば、何事もなくすぎたはずだった。だが、30分のタイムラグが、彼を不幸のどん底に落としてしまう。

沢崎は運悪く、駅に向かっている途中で先ほどのキャッチに出会ったのである。

「さっきはどうでしたか?」

キャッチは、揉み手をするように話しかけた。

「アナタは、ボクにウソをつきましたね」

「えっ!」

「40分6千円なんて、あるはずなかったんだよな」

沢崎は言うだけいって、キャッチを無視するように駅に向かった。キャッチは、結局入らなかったのかという残念な気持ちと、詳しく理由を聞きたいという気持ちもあり、沢崎の横について歩いた。なにを思ったのか、キャッチの態度が変わった。

「どうです、もう一軒！」

おそらく、彼は稼げていなかったのではないだろうか。こういうときのキャッチは、実にしぶといものである。

「キャッチは、まだどこかの店に連れて行こうとしたんですけど、もう完全に無視しました」

キャッチも意地になり、沢崎のあとを離れずに花道通りを追った。歌舞伎町の花道通りには、駐禁を妨げるための石のポールが道端にある。キャッチは沢崎の横をついてきたので、そのポールにぶつかりそうになったのである。

「テメェ、なにすんだよ！」

突然、キャッチがキレた。

「いや、なにするもなにも、普通に歩いているだけですよ」

沢崎は、見かけによらず度胸がすわっていた。少し酔っていたから、強気になったのかもしれない。そのまま、イキがるキャッチを無視して歩き続ける。

「待てよ、コラ！」

キャッチは、いきなり沢崎の腕をつかんだ。あわてて腕を振り払う沢崎。

「いくら振りはらっても振りはらっても、しつこく腕をつかんでくるんですよ。そのうち、罵声を浴びせながらボクの胸ぐらをつかんできました」

沢崎は、当時を振り返っていった。

その瞬間、ビリッと音が鳴り、沢崎のワイシャツが裂けた。ヨロける沢崎は、キャッチのシャツをつかんだ。

今度は、キャッチのシャツがビリッと音を立てた。

「あっ、このヤロウ！」

キャッチは声をあげ叫んだ。

「なんと、キャッチのシャツまで破けてしまったんです。これに相手がカチンときたみたいで、いきなり殴りかかってきたんです」

もともとが好戦的でない沢崎は、無抵抗のうちに顔を数発殴られていた。

「殴られただけではなく、さらに両足も蹴られました。そのうえ股間も蹴られ、これでもかというぐらいボコボコに殴られました」

ケンカ時の歌舞伎町の住人たちのチームワークは絶妙である。稼げないでイライラしているキャッチたちも、ウサ晴らしとばかりにケンカに参戦した。いつしか沢崎は羽交い締めにされ、サンドバック状態で殴られ続けた。

やがて、地面に崩れおちる沢崎。周囲を見回すと、ほかのキャッチは手をださず押さえつけているだけに見えた。最初のキャッチが、ずっと殴っていたのだ。

「警察にいきましょう！」

沢崎は、最後の力を振りしぼって叫んだ。血まみれの男の咆哮に、キャッチたちは一瞬シーンとしたという。彼らは客引きという仕事柄、警察がくるとヤバいという気持ちが強い。一瞬、みんなの動きが止まった。

「上等だ！　このヤロウ！」

静寂を破ったのは、やはり茶髪のキャッチだった。

「ぼ、ボクは手を出してないからな」

負けずに沢崎も叫ぶ。

「オメェが先に手を出したんだろ！　オレのシャツが破けてんだからよぉ！」

威勢のいい言葉とは裏腹に、あきらかにキャッチがひるんでいるのがわかった。

「警察にいく！」

沢崎は、血を腕で拭いながら交番へ向かった。彼を徹底的に殴ったキャッチは、ほかのキャッチらに促され歌舞伎町の雑踏の中に消えた。

「す、すいません。今、そこで客引きの人らから暴行をうけました。た、助けてください……」

フラフラになって、沢崎は交番に駆けこんだ。

「アナタ、手を出したんですか？」

近くにいた警察官が尋ねた。

「いえ、ボクは手を出していません。ただ、うっかり相手のシャツは破いてしまいました」

沢崎は正直に答えた。

「そうですか。では、アナタと一緒にキャッチを探して話をしてもいいんですが、今までのケースでは相手も必ず歯向かってきます」

「………」

「相手にも言い分はあるだろうし、アナタは相手のシャツを破いてしまっていますから、刑事告発をされてしまいかねませんね」

「………」

「相手が訴えるといってる以上、それに対して警察はなにもできません。もし、刑事告発されたらアナタも署（新宿署）に出頭してもらって、刑事さんが拘留の必要があると判断された場合は、身柄拘束される可能性もありますよ。それでもいいんですか？」

常識的に考えて、この警察官の沢崎への対応はおかしい。まがりなりにもキズを負って交番に駆けこんだ者を、逆に理不尽な理屈をつけて追い返すようにしむけているのである。

「イヤです」

案の定、警察官の言葉に沢崎は大きく首を横に振った。

「だったら、どうします。そのキャッチの人を探しにいきますか？」

警察官は、再び沢崎に尋ねる。

「いえ、もう結構です。仕方がないのでボクは帰りますが……今後は歌舞伎町のキャッチの取り締まりを厳しくしてください」

沢崎は悔しそうにいった。

「わかりました」

ニコやかな笑顔で答える、数人の警察官たち。結局、沢崎はそれだけいって歌舞伎交番をあとにした。そして、九頭のインタビューに応じてくれたのである。

「まぁ、一応は親身になって聞いてくれたので、よしとしようかなと思いました。でも顔とか腫れてますし、明日も仕事があるので、なんて言い訳すればいいのか……」

沢崎は、困惑した表情で長い話を終えた。

「あぁ、どうもありがとうございました。それでは、気をつけて帰ってくださいね」

九頭は深々と頭を下げた。

「はい」

沢崎はキズついた不自由な身体で、ヨタヨタと歌舞伎町の雑踏の中に姿を消した。

翌日、九頭はオレに向かって不満そうにいった。

「でもね、なんか釈然としないんですよ。ヤツは殴られるだけのことをしたんじゃないか、と思いましたね。キャッチだって生活がかかっている。オレがキャッチだったら、冷やかし野郎の沢崎を殴っているかもしれませんね」

いかに法に違反しているとはいえ、客引きには客引きの生活がある。そこに遊びできている沢崎のようなサラリーマンが、冷やかしたりすることはよくないことだと九頭は思ったという。

「それも一理あるな。でも、九頭の考え方はキャッチ目線になってるよ。オレがキャッチだったらこう思う、だろ。逆に、自分が沢崎の立場だったらどう思う」

「……………」

「片一方は殴られ倒され、大ケガを負っている。もし、打ちどころが悪けりゃ、死ぬかもしれないんだぜ。それでも殴った相手をかばうかな」

「……………」

「沢崎も、毅然とした態度ではっきり断ればよかったんだ。キャッチだって、取りつく島もない客を追っても時間のムダだからな。まぁ、ケンカ両成敗じゃないけど、今回の事件は両者が悪いってことで終わりだな」

「そうなりますかね。やはり……」

九頭は、少し表情を曇らせていった。

職人肌のポン引き

歌舞伎町にはポン引きという売春専門の客引きがいる。

もともと、キャッチの双璧をなすのはキャッチとポン引きだった。今は、両者の棲みわけがなくなってきているが……。

2千円〜5千円程度の安い料金で客を釣るキャッチに比べ、最初から2万円以上という高額で客を決めるポン引きは、自分たちがキャッチよりレベルが上であるという自負があった。最低が2万円で、泊りなどで引いたときは5万、10万円などの高額な金額で決めるポン引きは、プロ意識の強い客引きだった。

女の子への払いは1万円で、元締めとなる親方には1本入れれば2千円のデヅラ（場所代）を払えばいい。

だから、取り分は2万円で8千円だが、5万円なら3万8千円、10万円で決めれば8万8千円がポン引きの取り分となる。ポン引きは店に関係なく、腕ひとつで稼げるのである。

そんなポン引きの稼ぎを語るのに、おもしろい話がある。

確か、オレが店のオーナーとなった30年ほど前。

歌舞伎町のセントラルロードで8月のお盆の2日間で、200万円稼いだポン引きがいた。ベテランで、腕のいい田永輝明（仮名）というポン引きである。

オレの知る限りでは、これが客引きの短期間で稼いだ最高記録ではないだろうか。まだ、日本中を狂乱の渦に巻き込むバブルの少し前のころの話である。田永は稼ぎの中から、100万円でトイチの借金を全額返済。残りの100万円で、家族をハワイ旅行に連れていったという。ハワイでの休暇で100万円を遣いきった田永は、翌日からポーカーでの負けがこみ、またトイチの世話になったという。

現在の200万円ではない。30年ほど前の物価指数を考えても、山手線の初乗りが80円で教員の初任給が9万5千円程度。これらを参考にすれば、現在の1・5倍〜2倍ほどになるのではないだろうか。

そんな大金を1週間で遣いきったとは……なんとも昭和の匂いがプンプン漂う、歌舞伎町らしい豪快な話だ。

ある意味、キャッチが勤め人とするなら、ポン引きは昔気質の職人だったといえよう。

いずれにせよ、客引きの手法やテクニックは、昔も今も変わらないように思える。だが、店内で起こるゴタに関しては、その性質が昔と今ではまったく変わってきている。

そこで、現在の店内の様子を、バンコウにタレこんだぼったくり被害者のインタビューから検証してみよう。

被害者2　上京フリーターくん編

沢崎のインタビューを終えた日の夜。さらに九州からきた学生とフリーターの19歳と18歳の未成年2人組にインタビューを試みた。

バンコウの中から出てきたのは、まだ少年のようなあどけなさが残る若い2人組だった。

九頭は、彼らの前に駆けより取材を申し込んだ。2人は快諾した。

「最初は秋葉原にいたんです。もともと東京には秋葉原を見にきた感じだったんですね。でも東京についたのが夜の9時とかだったので、もう店も閉まっていたんです。仕方がないんでゲーセンへ寄ったりとか、ちょっと観光したあとにネットカフェにいったんですけど、やることがなくてヒマだったんですよ」

ぼったくり被害に遭ったのだろうか。待ってましたとばかりに、2人は饒舌に話し始めた。その口調は、誰かに話を聞いてほしくて仕方がなかったように思えたという。

「ちょうど、『新宿スワン』を見たばっかりだったし、『歌舞伎町に行ってみるか』ってなったんです」

地方からきた若者の歌舞伎町に対する憧憬は深い。2人の脳裏には、物語の中の歌舞伎町の華やかなネオン街が浮かんだのであろう。終電に乗り、ガールズバーにいこうと決めた2人は、期待に胸を弾ませていた。歌舞伎町に着いたときには、すでに深夜の0時半を回っていた。キャッチが一番稼げる時間帯であった。2人は歌舞伎町の穴場をネットカフェで調べ、地図をプリントアウトして持っていた。しかも、それを見ながら歩いていたという。

これでは、キャッチには完全テッパン（確実に入る客）に見えたはずである。

「うわ～、本物の歌舞伎町だ！　あった、あった！」

歌舞伎町一番街のアーケードを見た瞬間、2人のテンションが急にあがって声をあげたという。さもあろう、秋葉原と歌舞伎町ではその不穏さが違いすぎる。

2人はキョロキョロしながら、歌舞伎町ドンキホーテの横のセントラルロードを歩き、目当てのガールズバーを探した。

「目的のバーはあったんですけど、もうちょっと色々みたいなと思って、キョロキョロしていたらキャッチに声をかけられたんです。最初は放っておきました」

そのまま最初に決めたバーに入っていれば、のちの不幸は避けられたはずだ。だが、歌舞伎町という魅惑の街が彼らの判断力を狂わせた。店を尻目に歩きだした2人に、たちまちキャッチ4～5人が声をかけてきたのである。

「スルーしてニヤニヤしながら歩いていると、またキャッチがブワーってうしろから走ってきて、前に回りこんで深々と頭を下げてくるんです。見た目は完全に強面な人なんですけど、すごい礼儀正しい感じの人でした。中州にもよくおるような典型的なキャッチでした」

最初のうちは断っていた2人だが、何度も「いや大丈夫です」っていうキャッチの熱意にほだされて立ち止まった。

「ヌキですか～？　飲みですか～？」

キャッチの常套句である。

「ウチは、女の子にドリンク代出さなくていいんですよ」

さらにキャッチは、2人に魅惑的な言葉をかける。

（そんな店なんてあるんか？）

2人は顔を見合わせた。

（まぁ、そう言うんだから、そういう店なんだろうな）

2人の心は、完全にキャッチの誘惑に揺さぶられていた。

「3千円以上は出させないから！」

これでもか、これでもかと責めるキャッチ。

その真剣な眼差しに、2人はさすが歌舞伎町だと、妙なところに感心したという。結局、調べてきたガールズバーをやめ、キャッチの勧める店にいくことに決定した。

「最初は苦笑いで、なんとかウカれているのをごまかしとったんです。安いし1時間くらい飲んで、また2軒目も飲みにいけるやろうと思いました。とりあえず1時間3千円いうけん、試しにいっとこかぁって店に入っちゃたんです」

キャッチは誰かに電話し、「3千円以上は出させないで」と、これ見よがしに話している。

（これなら、本当に3千円なんだ）

2人は、キャッチの茶番劇に完全に引っかかったのである。キャッチは入口まで案内し、店の従業員らしき男が現れた。

「その人が、キャッチが電話した人だと思われたんです。で、店の紹介とかされて、ちょっと話したんですよ。ところが、『なんでこっち来たの？』とか世間話しかしなかったですね」

男の説明では、店は『素人キャバ』であると言った。しかも、水商売の未経験だった子ばかりだといわれ、さらに「絶対にお持ち帰りできるよ」と確約されたという。

男の調子のいい説明を信じ、2人は店内に入る。席に着くと、2人と女の子を挟んでボーイがきて、簡単に料金説明をした。しかし、2人にはボーイの話が適当すぎて、なにをいってるのかまったくわからなかった。あとで思い返してみると、ボーイは風邪をひいているとしきりにいっていた。おそらく、店側の策略だったのだろう。

「お客さんはけっこういましたね。ほぼ満席状態でした」

自分たちより年配のおじさん連中も多い。さすがに安く飲ませる店だと、2人は感心した。やがて、キャバ嬢2人が席に着いた。いくらゴミキャバでも、これはないだろうと驚くぐらい、ビックリするくらいの巨漢だった。

「ワタシたちも飲み物もらっていい?」

キャバ嬢は、テーブルに置かれた携帯2つ分くらいの小さなメニュー表を見せ2人に訊いた。

(あれ、オレらが払うんか。やっぱ、普通にキャバクラみたいなもんか)

一切追加はないといわれていただけに、一瞬、2人の心に不安がよぎる。

「いくらなん?」

内心は払わなくってていいとわれていたので、少し納得はできなかったが歌舞伎町ではどのくらいの料金かと思い2人は尋ねた。

「1千円から……」

キャバ嬢はボソッといった。

(1千円からってなんやろ?)

2人はメニュー表に手を伸ばそうとすると、「あっ、これは気にしなくていいよ。千円からだから」と、キャバ嬢が繰り返した。

「ねぇ、アナタたち、年いくつ？」

料金のことから話をそらそうと、キャバ嬢は話題を変える。

「いや、いくつに見える」

「う～ん、わからない」

「じゃあ、いいじゃん」

だがキャバ嬢は、しきりに年齢を聞きだそうとする。

「それはダメじゃん。じゃあ、せーのでいおう。せーの……」

「24！」

「……」

2人は黙って答えなかった。ただ、「あっ、先輩やね」と、2人思わず口に出した。その瞬間、キャバ嬢2人が声をあげた。

「年齢確認お願いしまーす！」

しまったとばかりに、お互い顔を合わす2人。渋々、バッグの中から身分証を出した。

「未成年だったのね。じゃあ、お酒は飲めないね」

キャバ嬢は、2人の身分証を見て言った。

（マジか！）

酒好きな九州男児の2人は、ガッカリしたという。最近、飲酒の制限年齢を18歳以下にしようとする動きがある。ゴタで客とモメるより、未成年に飲酒を勧めたとなると、これは民事上の問題ではなく刑事事件となる。18歳未満となると児童であり、店側をダマして酒を飲んだとしても、彼らの扱いは『被害児童』ということになる。結果、年齢確認を怠ったとして、行政処分が店側に下される。

「地元の福岡だったら19とか18歳でも、酒を出してくれますんで。正直、こっちでも普通に飲めると思ってたんです」

酒も飲めない店にいる必要もない。2人は、申し合わせたように立ち上がった。

「えっ、帰るの。今、帰ってても料金発生しちゃってるから、セット料金分の1時間はとりあえずいなよ」

キャバ嬢2人は、未成年の2人を止めた。この店のシステムは、自動延長制であった。今の歌舞伎町のキャバクラの多くは、優良店ぼったくり店に関わらず自動延長システムを採用している。売り上げをあげるだけではなく、いちいち黒服が時間の確認にくると遊んでいる気がしない。無粋なのである。

「おい、オレの支払いを心配しているのか」

などと、本気で怒る客もいる。2人は酒も飲まず、2時間近く店にいたという。それでも、楽しめるような接客なら満足もする。しかし、巨漢女相手に、酔わないで会話をするのはツライ。話の内容も、「どっから来たの?」とか、「なにしてるの」とか、福岡弁をいじられたりした以外はとりとめのない会話だった。

「お酒飲めないんだから歌いなよ」

2人が退屈しているのがわかったのか、キャバ嬢はカラオケを勧めた。開き直った2人は、三代目JSBの『RYUSEI』と、Acid Black Cherryの『イエス』などを唄ったという。だが、2人が唄っている間もキャバ嬢は1人で5杯づつ飲み、最終的には10杯ものテキーラやカクテルの杯を重ねた。

「いま延長されてるんですけど、どうしますか?」

突然、黒服が現れていった。

「えっ、延長されてる?」

あわてた2人は、黒服に清算する旨を伝えた。黒服は丁重に頭を下げ、レジに向かった。

「お待たせいたしました。エーッとですね、お2人様で……13万4400円です」

黒服は、伝票のカードホルダーを2人の目の前に置いた。

「えっ、なんでそんなに高いん?」

メニューをすみずみまで確認すると、キャバ嬢が飲んだ酒は1杯7千円で、10杯で7万円と計上されていた。さすがに納得いかない2人は、黒服にズケズケと訊いた。

「TAX（税金）が36％でしてね。2時間目の延長になると、会計が跳ね上がるシステムなんですよ。このことは最初に説明してますよ。訊いていなかったんですか？」

黒服は2人に問いただした。

（てか、36％高すぎやろ！　自分ホストやってたんです。ホストクラブでもTAX15％くらいでしたよ。中州では15％は普通。まぁ、歌舞伎町なら、いっても30％ぐらいでしょ！）

2人は伝票に目を通し、心の中でつぶやいた。本心では、文句の1つもいいたかった。しかし、2人にそんな勇気もなかった。伝票には、そのほかに場内指名料が大きく2千円と書かれていた。

（こんなやつに指名料……）

2人は急に黙りこんだ。

店の明細では、セット料金が3千円の2人で6千円。キャバ嬢の指名料が2千円の2人分で4千円。酒を飲めない2人のソフトドリンク代2千円の×2で4千円。デブス2人のドリンク代が7千円の×10杯で7万円。TAXが36％。

キチッとした、非の打ちようのない料金説明に2人は愕然とした。

「黒服が脅すような高圧的な態度じゃなかったし、こんだけかかったんだから払ってね、と自信持っていうので戸惑いました」

逆に、キャバ嬢は口調が変わったという。彼女らの態度を見て、2人はヤクザが来るのかな？と思ったという。店内を見まわすとヤクザではないが、店の責任者らしいスーツの男たちが2人の席をジーッと見ていた。

「あ、これはヤバいな」

初めて体験する本場歌舞伎町のぼったくりに遭遇した2人は、恐怖で頭の中が真っ白になったという。

「裏の事務所に連れていかれて、拉致監禁とかされたらどうしようかとか考えちゃって焦りました。まぁ、おカネはギリ持ってたんで、支払いました」

とにかく早く出ることを最優先し、身の安全の確保を一番に考えた。1人の若者は、封筒2つに5万円5万円と分けて入れ、片方の5万円は必要なときに遣うように持っていた。親には、宿泊費とか飛行機代とか以外には遣わないようにと言われていた隠しカネであった。サイフの中の6千円を合わせ、支払いに回せるカネは5万6000円だった。

もう1人の若者は19万円を持っていた。そのうち、5万円はサイフの中に入れ、残金の14万円は銀行に預けていた。

東京は危ないと聞いていたからである。

万が一、バッグとかを盗られたりしても、帰りの旅費に足りるだけの金額を残しておく。用心のためであった。

黒服との相談で店内で10万円払って、コンビニにいきキャッシングで残債の4万円を払って会計をすませたという。業界でいう『付け馬』である。

「会計時、どっかのお客さんがラルク歌ってましたよ。『スノードロップ』でした。オレらはおカネをドロップされましたけど（笑）」

2人は自虐的に笑った。店内は音楽がガンガンにかかっていて、2人のゴタに周りの客は気づいていなかったようだ。ぼったくりの初歩的な手法である。

「領収書いります？」

店内に戻った黒服は2人に尋ねた。

「最初は、いらんって言ったんですけど、よう考えたら後で必要になるだろうなぁと思って……でも領収書、よく見たら日付書いてないんですよ。これじゃ意味ないですよね。あとで警察に言われて気づきました」

店を出るとき、キャバ嬢たちが笑顔で手を振った。

「じゃあ、気をつけて帰ってね～」

もう気をつけても意味ないやろ！　と、2人は心底怒りを覚えたという。

店を出たのは、午前3時15分くらいだった。正味、3時間にも満たない間の出来事であった。

深夜だったが、緊急事態なので、2人は親に電話をした。

月曜日の飛行機で帰る予定だったが、帰るカネもなくなっていた。

「すみません、ぼったくりに合いました」

2人は単刀直入にいった。

「はぁ……いくら？　場所は？」

寝ていたのか、何度目かの電話にでた母の声は不機嫌そうであった。

「13万です。歌舞伎町です」

「アンタみたいなガキが行くとこじゃないでしょ！　すぐ警察行きなさい！」

母は声を荒らげていった。

「ただ、警察はアドバイスはしてくれるかもしれんけど、おカネの問題とか裁判とかは弁護士の仕事だからなにもしてくれんかもよ」

さすが、人生を長く生きてきた母は違う。泣きついてきたわが子に、適切な助言を与えたのだ。結局、2人は警察にいく前、自分らを連れていったキャッチを探すことにした。母の言葉で、自分たちが責任をとろうと思ったのである。

だが歌舞伎町中、目を皿のようにしてキャッチを探したが、どこに潜んでいるのかまるで見つからない。30分ぐらい探しまわったが、あきらめて交番にいくことにした。

「ぼったくられた経緯をいって、おカネは取り戻せるか訊いたんですけど、警察は本当に話を聞くだけでした」

ぼったくり被害者に対し、警察官は「またか」といわんばかりの表情だった。さすがに、このようなトラブルの経験のない2人でさえ、警察官のやる気のなさが伝わってきたという。

「ここととは別に、法律に関する人に訊いてもらってやるしかないですね」

警察官は、ぼったくり被害に遭った2人に冷ややかにいった。

「もし、なにかあったら協力してもらうかもしれないから、そのときはよろしくね」

帰り際、年配の警察官が2人に向かっていった。

(今、協力してくれんのかい！)

なんの行動も起こさない、木偶の坊のような警察官らに腹が立ち、2人は怒りさえ覚えたという。結局、交番にいったものの、報告書を書かされ時間ばかりとられてしまった。しかもカネは返ってこないし、店を呼びだす様子もない。2人はバンコウから出て、特に行っても意味はなかったな、とばかりにお互いの顔を見合わせた。

そのときに、九頭が現れたのである。

長いインタビューを終え、最後に九頭は尋ねた。

「へぇ～、大変だったんだね、キミたちも。どう、こんな歌舞伎町は」

被害に遭ったばかりの2人には、少し意地悪な質問だったかもしれない。

「もう、歌舞伎町には来たくないです！」

案の定、2人は怒りを露わにしていった。

「影野さん、どう思います」

翌日、九頭はオレに尋ねた。

「酒を飲まさなかったんだろ。年齢確認までして……しっかりしてるじゃないか。未成年に酒を飲ませりゃ、それ自体で店側に責任があることになる」

「でも、未成年からぼったくってるんですよ」

九頭は執拗に問いただす。

「未成年からぼったくって悪いという法はない。未成年といっても、ものの道理もわからない幼稚園児じゃないんだから。自分の意志で店を選び、女の子と遊んだんだから責任はあるさ」

九頭は、不満そうな顔をした。

「あえて突っ込みどころを探せっていうなら、36％のＴＡＸを払わせたことだろうな。そんな税金なんてない。日本で飲食店が請求できるのは、消費税の８％だけだろ。ＴＡＸは公的なものだから、既定の額以上はとれないんだ。これが、サービス料としてとるなら問題はないがね。

もし彼らに知恵があれば、請求された36％のＴＡＸ……3万5千円の8％を引いた、だいたい3万ちょっとは返還されるんじゃないか」

正確には、ＴＡＸは税金でありサービス料ではない。

「なるほど！」

九頭は感心したように叫んだ。

飲食代金などの遊興費であっても納税の義務がある。だから、消費税8％ならＴＡＸとして請求してもよい。

消費税が、2％上がり10％になるというだけで、国会で一悶着ある世間である。消費税が36％にでもなったら、いかにおとなしい日本人であってもデモの1つや2つは起こるであろう。

「それにしても、今回の取材でボク自身も勉強になりました。また、このような仕事がありましたら、手伝わせてください」

さすが、ジャーナリスト志望の九頭である。目をキラキラ輝かせていった。

「どうせ、近いうちに頼むことになるよ。そのときは、またお願いするよ」

自分が目標とするものを見つけたのだろうか。

「ありがとうございます」

九頭はさわやかに答え、大きく頭を下げて、足どりも軽やかに事務所から出ていった。

第四章

ハニートラップ、そして警察との蜜月関係

歌舞伎町のハニートラップ

前章では歌舞伎町の客引きの主流をなす、キャッチとポン引きについて書かせてもらった。だが、魔都・歌舞伎町にはキャッチやポン引きだけではなく、さらに特殊な客引きもいる。女が客を引く、『ガールキャッチ』である。

このガールキャッチこそが、わがKグループ躍進の最大の功労者であった。

歌舞伎町を知る方ならば、「ガールキャッチだけじゃない。外国人キャッチもいれば、居酒屋やカラオケボックスのキャッチもいる」と言われるかもしれない。

近年台頭している外国人については次章で書くとして、居酒屋やカラオケの客引きは基本的にキャッチとは呼ばない。

客引きの定義は、客を店に入れることで報酬をもらう。そして、店からの保証給をもらっていないこと。それが、真のキャッチやポン引きたちである。

客引きとは、つまり独立採算制のオールフルコミッションで働く、歌舞伎町の路上営業マンのことを指す。だから、店から給料をもらっている客引きは、本当の意味での客引きではない。あえて称呼するなら、従業員が入口付近で客を引く『ポーターキャッチ』であろうか。

キャッチガールの常識を変えるほど、若くてかわいい女の子たちが
『ガールキャッチ』として歌舞伎町を跳梁跋扈した

ポーターキャッチであっても客を呼びこむことに変わりはないので、客引き防止条例に触れれば逮捕されるのは当然のこと。だが、彼らの多くはぼったくり店には関係していないので、ここでは省く。

さて、ガールキャッチはキャッチであるが、客を店に引くだけのキャッチではない。ガールキャッチのほとんどが、自らも客のふりをして店に案内し接客まで務める。

まるで、同伴したクラブのホステスのようである。

それだけではない。

客からカネを支払わせるときは暗に店側をサポートしたり、帰りは客と一緒に帰り駅やタクシーまで乗せて『あとづけ』（客を警察に走らせないように客を尾行する役）の役も兼ねる。

当然、キャッチたちの取り分がセットと追加売り上げの2割程度だが、ガールキャッチは総売り上げの折半が取り分と決められている。

たとえば、キャッチが3千円で客を決め、店内で追加が10万円獲れたとしよう。セット3千円は全額バックで、追加の2割（10万円×0・2＝2万円）が加算され、総売り上げ10万3千円でキャッチの懐には2万3千円が入ることとなる。

これがガールキャッチの場合だと、セット3千円×2人分（客を装うためガールキャッチの分も料金に含まれる）で6千円。これに追加10万円が加算され、合計金額10万6千円の折半の5万3千円がガールキャッチの取り分となる。

客の相手だけでなくゴタをフォローしたり、駅やタクシーまで送ったりしなければならないので、その手間賃として売り上げ合計の5割がガールキャッチに与えられるのである。

ときとして、「ワタシたちも払うから、アナタたちも払ってよ。こんな店で突っ張って事件に巻きこまれたくないの」などと茶番を演じ、自分のサイフから数万円を店に支払うこともある。

もちろん、ガールキャッチが出したカネは、営業終了後の清算の段階で返却される。

気に入った（ナンパした）女の子と来るので、店側のホステスも多く接客につく必要がないし、売り上げ計算に女の子の飲食代も含まれるから料金も高額となる。

実際、ウチでガールキャッチに引っかかって、1千万近くボラれた客は何人もいる。300

万程度の売り上げなら、月に数度はあったと記憶する。それだけ稼げるガールキャッチだが、ぼったくり防止条例施行以降はめっきり減っている。

今や、ガールキャッチは絶滅危惧種となってしまったのである。女は自己の身の保身を第一に考える生物である。だから、警察の摘発など少しでも身の危険を感じたら、どんなに稼げてもきっぱりと辞めてしまう。それが歌舞伎町から、ガールキャッチが減っていった理由である。絶滅危惧種のガールキャッチではあるが、いまだに『出会いカフェ』などで客と知り合い、細々と営業しているプチぼったくり店に客を連れていく天然記念物も、歌舞伎町には生息しているようである。

さて、わがKグループでは最盛期3店舗あったガールキャッチ専門のぼったくり店で、ガールキャッチの在籍60名以上を記録したことがあった。

Kグループで歌舞伎町最初のスカウト組織をつくり、若手の男子従業員をスカウト業務に専念させたことが功を奏したのである。

オレが歌舞伎町デビューしたころは、ガールキャッチを『キャー』と呼び、かなり年配のおばさん方だった。

そして、わがKグループがスカウト部隊を結成させ、20代前後の女の子をキャッチガールに仕立てた。若すぎるキャッチガールをほかのおばさん方と区別するため、オレは『ガールキャッチ』と呼ばせることにした。

若くてかわいい小悪魔の誕生である。

そんなガールキャッチの黎明期、女帝と呼ばれた1人のガールキャッチが誕生する。女帝は奥本綾乃という、どこにでもいる普通の女の子だった。だが、とにかくがんばり屋で、気が強く負けず嫌い。もし、綾乃が男に生まれていたら、ひとかどの人物になっていただろう。女として歌舞伎町のレジェンドとなった、女帝・綾乃。強烈なエピソードに彩られた、ガールキャッチの生態。綾乃のデビュー秘話だ。

歌舞伎町で1万人をハメた女帝

綾乃との出会いは、どこにでもある単なる店主と雇用者の面接であった。

「なんだ、本当に来たのか!?」

新人の面接と聞き、慌ただしく事務所に入ると、そこにいたのは綾乃だった。

「あっ、影野さん。約束通り来たわよ」

綾乃は笑顔で手を振った。

(まさか、軽いジョークのつもりだったのに……)

このとき、綾乃18歳。地元高知から東京に上京してきたばかりの、花も恥じらう乙女であった。

普通の女の子だった綾乃がKグループの牽引車となり、のちに女帝と呼ばれるようになろうとは、この時点では知る由もない。彼女はスカウトによって連れて来られたのではなく、自らが望んでガールキャッチに身を投じた変わり種でもあった。

「言ったでしょ？　頑張ったら、月に100万円は軽く稼げるって……オレが保証するからっていってたじゃない」

「えっ、そんなこと言ったっけ？」

オレは頭を掻きながら、昨夜のことを回想した。その日は多制弘幸という年配のスカウトマン兼マネージャーが、2人の女の子を面接に連れて来ていた。2人とも、見ためは確かにイイ女だった。ただ、バリバリの水商売風のイケイケ姉ちゃん系で、キャッチをするにはどうかな？　というような風体だった。その上、面接を受ける態度も悪い。あきらかに、体入（体験入店）の保証ドロボウと、オレは見ていた。

ウチがキャバクラなら使えるかもしれないが、ウチは歌舞伎町でも有数のぼったくり店である。必要なのは、キャバ嬢よりガールキャッチなのだ。2人は稼げるガールキャッチを志望していたが、入店しても出勤はあてにならないだろう。

いまだ黎明期のKグループ。本当に欲しいのは、出勤を確実にあてにできる真面目なガールキャッチなのだ。とは言っても、面接を担当しているのはKグループ1のダメ男・丹下建彦である。丹下はKグループの誰からも愛され、丹ちゃんと呼ばれて人気があった。丹ちゃんは面接のときに公私混同して、ちょっと気に入ったタイプの子がくると、自分の好みで入店させてしまう。

本当に客を引いてくるのは、いいオンナ風のイケイケ姉ちゃん系じゃない。誰にでも声のかけやすい庶民的な女、癒し系がいい。今の芸能人に例えていうなら、水原希子や滝沢カレンは×で、広瀬すずや宮崎あおい系なら◎なのだ。

欅坂46なら、全員OKである。

「即、採用ですね」

丹ちゃんは満面の笑みでオレにいった。

（こいつ、ぜんぜんわかってねぇや）

オレは半ば呆れていた。いくら教えても、本能のまま面接する丹ちゃんには理解できないようであった。オレは店を出て、東通りにあるキャバクラに飲みにいった。こんなイラついた気持ちを癒すためには、酒でまぎらわすしかないと思ったからだ。

オレは1人であびるように酒を飲み、いささか悪酔いしていた。そんなときに古くから付き合っている店長が、見慣れぬキャバ嬢を連れ、オレの席に着いた。

「影野さん、失礼します。こちら、新人の綾乃さんです」

「綾乃です。よろしくお願いしま～す」

綾乃は弾けるような声で、元気に挨拶をした。オレは酔眼朦朧とした目で、綾乃を見た。

「お、おう……」

これがオレと綾乃の運命的な出会いであった。綾乃は、オレの隣に座ると手際よく酒を作り、グラスを持った。

「それでは、乾杯～」

綾乃に、なにか魅かれるものがあったのかもしれない。綾乃の登場で、オレは酔いから覚めていた。

そして、しばらくは綾乃との会話を楽しんだ。

「でもさ。影野さんって普通の人には見えないよね。なにやってる人なの」

好奇心旺盛に綾乃は尋ねた。

「ぼったくりさ」

オレは質問に答えていいのやら、悪いのやら……。少し悩んだすえに、サラリといった。

「えっ、ぼったくりって……あの、お客さんから高い金額を獲る……」

「そう、そのぼったくり」

「…………」

さすがに綾乃も、目を丸くして固まった。

「女の子に歌舞伎町をウロウロさせてさ。調子に乗ってナンパしてくる客を、店に連れこんでぼったくる……そんな店の経営者だ」

「へぇ〜」

「女の子に給料の保証はないけど、ぼったくりで売り上げた金額の半分が取り分。1人の客が10万円払ったら、5万円が女の子の取り分さ」

「3本入れたら15万円か」

綾乃はひとり言のようにつぶやいた。

「そうそう、みんながみんなカネを持っているとは限らんけどね。どうだ、やってみるか？」

「…………」

「オマエなら月100万円は稼げるよ、オレが保証する。服装は自由だけど、今みたいなお水系はダメだぞ。遊び好きなOL風を装って、客から声をかけられるんだ」

当初は、軽い気持ちで話しただけだった。まさか、キャバ嬢がガールキャッチをやるわけもないと思っていた。それにぼったくりを悪いことだと知っている。だから、綾乃がガールキャッチになるわけがないと思って話したのである。

「考えてみるよ、連絡するね。電話番号教えて……」

綾乃は、かなりガールキャッチの仕事に興味をもったようで、オレの連絡先を訊いた。オレも、綾乃がキャバクラの営業する気だなと名刺を渡した。すると翌日、綾乃は店を辞め、我がKグループに入社したのである。なにごとにも思いっきりのよい性格のようで、その行動力にオレは驚かされた。だが反面、ガールキャッチのようなハードな仕事がポッと出の田舎娘に、務まるわけがないと思っていたのも事実だった。

オレは綾乃の行動力を、一時の気まぐれだと捉えていたのである。

実際、綾乃がそのガールキャッチ人生14年間でダマした客は、1万人を超えている。稼いだカネも推定3億円近くに上った。

それに、綾乃のガールキャッチ人生は、必ずしも順調とはいえなかった。

数々の綾乃の武勇伝の中でも、いまだに語り継がれている事件は、彼女がガールキャッチデビュー初日に起こった。

綾乃は野田サユリというベテランのガールキャッチとコンビを組んだ。ベテランといっても、年はサユリの方が1つ上。だが、彼女は2年前に歌舞伎町に流れてきた年少（18歳未満）であった。17歳でガールキャッチデビューしたサユリは、既にガールキャッチ歴3年目を迎えていた。

それだけに歌舞伎町の表も裏も知り尽くしていたし、仕事も雑ではあったが、数をこなすことができた。歌舞伎町にきて数日の田舎出の綾乃には、相応しいパートナーであろうと思い、サユリを選んだのである。

「おい、サユリ！　今日からガールキャッチをやる、綾乃だ。仕事を覚えるまで、しばらく2人で組んでもらうぞ、頼むなっ」

オレはサユリに、綾乃を紹介した。

「うん、わかったぁ」

サユリは快諾した。

「じゃ、行こうか」

「はい！」

そして、2人は夜の帳に消えていった。

歌舞伎町は、日に3度ほど好繁期（街の賑わい）を迎える。アフター5になり、男の夜の遊びは、居酒屋でちょいと一杯から始まる。その後、ほどよく酔うとお色気が欲しくなる。時間にして9時ごろで、この時間帯が第一次好繁期。次は女のいる店に落ち着いたあと、店のラストまで飲む。時間は深夜12時を少し回ったあたりの時間帯。

前述したように、この時間になると終電派か始発派かにはっきりと分かれる。中には終電にしようか、始発にしようか迷っている獲物も多い。第二次好繁期である。

アフターの女と別れたり、店が完全に閉まったあと、まだ始発まで時間つぶしに飲んでいたいと、新たな店を探し彷徨い歩く男たちが続々現れる。これが第三次好繁期である。

ガールキャッチにとって、これらの好繁期が稼ぎどきなのだ。サユリは綾乃に、そういった内容を歩きながら説明した。

「ねぇねぇ、客をすぐ店に連れて行っちゃいけないんだよ。知ってたぁ!?」

サユリは、突然、綾乃に言った。

「いえ、知りませんけど……」

綾乃は正直に答えた。

「客はねぇ、ゆっくり時間をかけ、おカネを持っているかどうか調べてから、店に連れて行かないとダメなの」

「なぜですか？」

「だって、オカネのない客に関わっている時間が、もったいないでしょ!?」

「なるほど」

「だから、サイフの中身を調べるの」

「へぇ～、どうやって？」

綾乃は尋ねた。

「例えば現金があるか、ないか。ワタシたちはストッキングをわざと伝線させてね、コンビニで買わせるのよ。そのとき、サイフを確認するの」

綾乃は納得したのか、大きくうなずいた。

「サイフにカードがあるか、ないかも重要なチェックポイントだよ」

「えっ、カードなんか使えるんですか？」

「カードは手数料引かれるけど、サインさせてしまえばおカネと一緒だからおいしいわよ」

「そうなんだぁ～」

ガールキャッチにとって、カード客は格好の獲物である。人数分支払わせるし、サインを拒むときはガールキャッチが必死に説得にあたる。

手数料が30％引かれるが、これは客がカード会社にクレームをつけたときの用心としての30％なのだ。20万円の売り上げがカードなら、カード決算の手数料10％を加算して22万円でサインさせる。本来なら、これは違法行為である。だが、カード手数料の加算は、今もまかりとおっているのである。22万円の×70％は15万4千円。折半すれば、7万7千円がガールキャッチの取り分となる。

「これは滅多にやらないけど、貴金属を持っていれば換金できるし、社員証を持っていれば、出身地や現住所もチェックできて、後で付け馬もできるから……」

「なんですか、付け馬って?」

綾乃は聞きなれない言葉に、首を傾げた。

「お店の従業員と一緒に、客の自宅までおカネを取り立てにいくことよ。たまに、ガールキャッチもついて行くことがあるんだよぉ〜。ワタシも行ったことあるし……」

サユリは得意げに話した。

「洋服のブランドや、持ち物のチェックも注意深くすると、客の懐具合もわかってくるから……」

調子にのってしゃべるサユリの話を、綾乃は興味深げに聞いた。

「職業のチェックも大事よ。また、遊びで歌舞伎町に来ているのか、それとも出張かをチェックするのも忘れないで」

「なぜですか?」

「出張費だから、現金を多く持っているのよ」

「あっ、なるほど」

綾乃は大きくうなずいた。

「男って出張にかこつけ、ハメを外して遊びたいんだから……なにしに歌舞伎町に来たのか。男たちの目当ては、お酒か女かを調べるの。まぁ、たいていの男たちはナンパだよね」

サユリは饒舌に話し続けた。綾乃は真剣そのものの表情で、サユリの話に耳を傾けた。そして綾乃は、サユリから聞いた数々のガールキャッチの手口の巧妙さに、改めて感心した。

のちに、スカウト部隊が連れてきた女の子を、綾乃ら古参のガールキャッチが教育する。そして、客を引くスキルを伝授していくことになる。この方式により、ガールキャッチたちはメキメキ腕を上げ、我がKグループ発展の原動力となった。

やがて2人が話しこんでいるところに、体格のいい男たちが近づいた。

「サユリちゃん、サユリちゃん！　うしろの男たち、さっきからズーッとついてきてますよ」

綾乃が、小声でサユリにささやいた。

「あのガタイのいい男たちでしょう」

サユリは、チラッとうしろを見た。

「自衛隊っぽいよね」

サユリがポツリと呟いた。

「大丈夫じゃないですか。結構こざっぱりしてますし、お店に連れて行きましょう」

「………」

ガールキャッチ初日だというのに、綾乃のこの大胆な発言。サユリは綾乃の気合いに気圧されていた。これぞと決めてキャッチモードに入った綾乃のシチュエーション作りの上手さは天下一品である。

綾乃はいつも新人の教育係を、自分から買ってでた。こういうところも、綾乃が女帝と呼ばれるようになった要因かもしれない。

たちまち2人の男は、綾乃とサユリのコンビに連れられ、Kグループのぼったくり居酒屋『五稜郭』の店内に消えていった。

店内は外観に反し豪華な造りで、居酒屋というより小粋な割烹のような内装が施されていた。店舗の坪数は、わずかに4坪。従業員はたったの3人で、ぼったくり店にしては少人数で営業していた。カウンターは6人掛けで、テーブル2席のみの小さな店であった。

作務衣を着た大将を務めるのは花島盛介（仮名）で、和服を着た女将には奄美列島の喜界島出身・黒井千佳（仮名）が客の接待にあたった。

板長も一流どころの板前を引き抜き、低予算で高級感の溢れる料理を作らせていた。時価の料理が多く、それに対してのクレームを防ぐためである。

「すいません、お会計です」

紺地に黄色い花柄をあしらった着物を着た千佳が、会計伝票をテーブルに置いた。

「は〜い」

歌舞伎町初！ 居酒屋ぼったくり『五稜郭』スタッフ。
『五稜郭』でプチぼったをし、系列店に流して客の全財産をぼったくっていた

サユリが会計伝票を受け取り、角刈りの男に手渡した。後にわかったことだが、2人とも現職の警察官。しかも機動隊員であった。

「なに、は、8万円！」

角刈りの男は澤井一真（仮名）という今年配役となった新人の巡査だった。その澤井が請求に驚き叫んだ。その声を聞いて、花島がギョロッと澤井を見た。この花島、若いころに横浜でヤクザをしていただけに、風貌に迫力がある。しかも、作務衣の袖から筋彫りの刺青が見えるし、左手小指も欠損している。

「おい！」

柔道をやっていたのか、耳が餃子のように潰れた男が澤井を止めた。餃子耳は澤井の一年先輩にあたる山崎清（仮名）巡査であった。

山崎は、大将の花島を見て怪しげな雰囲気を

感じ取ったのか、そっと首を振り澤井を促した。さすがに一年早く警察社会でもまれてきただけに、行動も落ち着いている。

山崎は文句をいうことなく、居酒屋にしては法外な料金の8万円をサッと払い、澤井を連れて店を出た。

「待ってよぉ！」

綾乃たちは、2人を追った。歌舞伎町の路上に出ると、2人は綾乃らを待ち伏せするように立っていた。

「どうしたのよぉ」

綾乃が、澤井に尋ねた。澤井は怒りで、顔が真っ赤になっている。

「どうしたもこうしたもないだろう。テメェら、オレたちを誰だと思っている！」

澤井は凄んだかと思うと、ズボンの後ろポケットから黒いビニールの手帳を取り出した。手帳のカバーには、「警視庁」と金文字で書かれている。

「てめぇら、グルになってオレたちを騙したんだろう。逮捕してやる！」

警察手帳を見て、サユリは一瞬にして口を閉ざしてしまっていた。だが、綾乃は知らぬ者の強みか、逆に澤井に食ってかかっていた。

「なんでワタシらが、アンタらに逮捕されなくちゃいけないの。それって、職権乱用じゃん！」

元来、気が強いのだろうか。綾乃は警察手帳を見せられても、一歩も引かなかった。澤井は、綾乃の反抗的な態度に怒り、いきなり綾乃の髪を引っ摑んだ。そして、綾乃の髪をつかんだまま引っ張り回した。

「キャー！」

さすがの綾乃も悲鳴をあげた。更に澤井は、綾乃の顔を手元に引きよせ、ツバを吐いた。

「な、なにすんのよぉ」

綾乃は、澤井の手を無理やり引き離した。

「オマエら、鬼の機動隊をナメやがって！　2人とも風俗に売り飛ばしてやるからな！」

澤井は興奮して叫んだ。

「だったら、今から知り合いを呼ぶから待っていなよ」

そばで見ていたサユリが、澤井に向かっていった。

「おい！」

サユリの横にいた山崎が、澤井に合図を送った。

それと同時に綾乃は澤井に、サユリは山崎に、2人同時に突き飛ばされて路上に転がった。

「いた〜い！」

その2人の姿を薄ら笑うように見て、男2人は互いに別方向に走り去った。

「サユリちゃん。逃げる、逃げる。2人が逃げたよ！」

綾乃が叫んだ。

「お、おい、どうした！」

いきなりテンギリ車（見張り用の車）のドアを開けた綾乃に、オレは驚いて尋ねた。

「お願い、影野さん！　市ヶ谷の機動隊の駐屯地まで連れてって！」

綾乃は車内に駆け込んでくるや否や、オレに向かって声を張りあげた。

「はぁ、機動隊！　そんなところへ行ってどうする？」

オレは綾乃を落ち着かせようと思い、わざと冷静を装った。

「さっきの客にヒドい目に遭わされたの。だから、仕返しするわよ。アイツら、市ヶ谷に一緒に住んでいるっていってたから。それに機動隊だって……」

オレは、呆れた表情で綾乃を見た。

「アイツら、もうおカネ持ってないから必ず駐屯地に帰るはず。そこを捕まえるの」

綾乃は、怒りで目を三角にして訴えた。

（こいつ、すごい根性してるな。ひょっとして、拾いものかも）

オレは綾乃の気性の激しさを目の当たりにし、いつしかそんなことを思うようになっていた。

「よし、乗れ！」

オレは2人を車に乗せ、急発進した。夜だったこともあり、車は10分もかからず市ヶ谷の機動隊の駐屯地に着いた。

「ありがとね」

綾乃は、到着すると同時に車を降りた。

「サユリちゃん、いこ」

先輩のサユリを促すように、綾乃は機動隊駐屯地の門前に立った。

サユリは年少時代から年をごまかし、ガールキャッチをしていただけに、警察と聞くと引いてしまう。サユリはしぶしぶと綾乃に付き従った。

(土佐の『ハチキン』というが、これじゃどちらが先輩かわからないな)

オレは車内から2人の様子を見て、思わず苦笑いした。

土佐の方言で、活発で行動的なおてんばで男まさりな娘のことを『ハチキン』と呼ぶ。

綾乃はまさに、『ハチキン』そのものだった。

南国土佐の漁師の子としてこの世に生を受けた綾乃は、幼少時代より『ハチキン』と呼ばれていた。そんな『ハチキン』綾乃が思春期を迎え、高校に通うようになると、自分がこの田舎町にいることに違和感を覚え始めたという。高知の狭い田舎町で朽ち果てるような人生に、常日頃から疑問を抱いていた綾乃は、高校を卒業すると東京の服飾学校に進学するといって町を出た。そして昼間は服飾関係の専門学校に通うかたわら、夜はキャバクラでアルバイトをしてカネを貯めていたのだ。いつの日か、自身のオリジナルブランドを立ち上げる資金を稼ぐために……。そんな野心に燃えた女だった。

そして、自らが選んでぼったくりのガールキャッチになったのである。

「あっ、アイツらだ！」

綾乃がオレの方を向き、2人の方を指差した。待つこと、30分は経っていただろうか。

綾乃の執念が、実を結んだ。

「さっきは、よくもツバを吐きかけてくれたわねぇ」

2人の男は、突然現れた綾乃に動揺した。しかも、自分たちが起居している駐屯地前で……。それを見たオレは、車内の自動車電話から、綾乃のリベンジへの応援として110番通報した。

オレが仲裁に入るより、110番で警察を呼んだ方が面白い展開になると思ったからだ。

通常の交番に連れて行くより、この110番通報された方が本庁に記録が残るため、所轄の警察署は徹底的に、また慎重に事件を扱わなくてはならない。案の定、4人は駆けつけたパトカーに乗せられ、交番に連行された。近くの交番に連行された4人は、それぞれ2人ずつに分けられ、別々の取調室に入れられた。

綾乃とサユリは同じ取調室で、巡査部長の階級章をつけた制服警察官の小林志大（仮名）部長に事情を訊かれていた。

「ワタシなんか髪を引っ張られ、ほら、こんなに髪の毛が抜けて……」

綾乃は、必死に自分が受けた暴行を訴えていた。相手の2人が機動隊員であることも話した上で、である。部長は困り果てていた。事件の加害者が、自らが勤務する交番の側にある市ヶ谷駐屯地勤めの若い機動隊員。男同士のケンカならなんとかなるだろうが、被害者は若い女である。被害届を受理していいものやら、部長は判断に困っていた。

しばらく悩んだ末に、部長は綾乃らの供述を控えた『備忘録』（警察官の覚書帳）を手に持ち、取調室を出た。すかさず、サユリが綾乃に小声でささやいた。

「大丈夫かなぁ〜。ワタシたちがキャッチだってバレたら……」

サユリは、小声で不安そうに綾乃に尋ねた。

「大丈夫だよ。店の飲み代が高かったことと、ワタシたちが暴行を受けたことは別問題だから……」

今日、初めてガールキャッチをしたとは思えない綾乃の落ち着きに、サユリは驚いた顔をした。しばらくして、部長が部屋に戻ってくる。そして綾乃たちの前のイスに座り、神妙な顔つきで話し始めた。

「あのね。ヤツら、あんたらに謝りたいって……どうする」

部長は、綾乃に向かって言った。

「謝ったらすむもんなんですか？　髪の毛を抜かれ、ツバを吐きかけられ、転がされて。ねぇ、サユリちゃん!?」

綾乃は、サユリに同意を求めるようにいった。サユリは黙ったまま頷いた。

「単刀直入に言おう。ヤツらは、知っての通り警察官だ。しかも配属されたばかり。これを事件として扱うなら、ヤツらが大変なことになってしまう。ここは、なんとか穏便にすませ助けてやりたいんだ」

担当部長は、若い機動隊員をかばうように話した。

「じゃあ、ワタシたちに被害届を出すなっていうんですか」

綾乃は怒りの表情で部長をみた。

「そうはいってない。ヤツらも酔った上での……」

「ちょっと待ってください！　酔っ払ってたら、なんでも許されるんですか!?　人を殺しても、強姦しても」

綾乃は部長の言葉を遮り、大きな声で問い詰めた。

「そんな極論をいわれてもだなぁ。ただヤツらもまだ若いし、将来ある身だから……」

「ここで許したら、あの人たちは反省しませんよ！　そんな警察官が出世して偉くなったら逆に怖いですよ。違いますか⁉」

「だったら、どうしろと？」

部長は帽子を脱ぎ、ハンカチで額から頭へかけての汗を拭きながら、綾乃に訊いた。

「ワタシたちと同じ目に、遭わせてやってください」

「えっ！」

部長は思わず顔を上げげた。

「それで終わりにします」

綾乃は、部長を睨みつけるようにしていった。しばらく腕を組んで考え込んだ部長は、いきなり立ち上がった。

「よし、わかった、わかった。じゃあ、キミたち。ついておいで……」

部長は取調室の外に出て、綾乃たちを手招きした。綾乃は嬉しそうに部屋を出た。交番の一番奥の取調室には、山崎と澤井がうなだれて座っていた。

「オマエら、この子たちになにされても文句はいわないな⁉」

部長は、2人に向かって言った。2人は一瞬顔を上げ、小さく頷いた。それを確認した部長は、綾乃を取調室内に招き入れた。

「ほら、こいつらにやられたこと、やり返していいから」

「ホント!?」

綾乃は嬉しそうに部長の方を見た。黙ってうなずく部長。上役である部長の許可を確認した綾乃は、ズカズカと部屋の奥まで進み2人の横に立った。そして、しょんぼり座っている澤井の髪をいきなり摑み、取調室内を引っ張り回したのだ。その光景を、サユリは唖然とした表情で見た。

「こんなもんじゃ腹の虫が収まらないわよ。アンタ、ワタシにツバ吐きかけたんだよね」

綾乃は、いきなりデスクの上に置いてあった茶碗を持ち、中のお茶を澤井の頭からかけた。更にもうひとつの茶碗を持ち、同じように山崎の頭からもかけた。

「も、もうその辺でいいだろ!?　気が収まっただろ」

見るにみかねた部長は、綾乃をたしなめるようにいった。だが、綾乃は首を横に振るだけである。

「だって、コイツら。ワタシたちを、風俗に売り飛ばすっていったんですよ」

その言葉に巡査部長と周りにいた巡査2、3人が、驚愕の表情をした。中でも、三十代前半の血気盛んな巡査長がほかの巡査を押し退け、取調室に入って来るや否や、大声で2人を一喝した。

「オマエら、そんなヤクザまがいのことをいったのか！」

2人とも、バツが悪そうに頷いた。

「それじゃ、オマエらもタダではすまんぞ！　おい、PCを回してくれ！」

部長は、2人を怒鳴りつけた巡査長に指示をした。こうして2人は、しばらくして到着したパトカーに乗せられ、いずこともなく連れて行かれたのである。おそらくは、本署に連行されたのであろう。よくて厳重注意か、始末書。厳しい処分だと、減給や謹慎まであるという。

車を交番前に停めていたオレは、2人が載せられたパトカーを見送るように見ていた。

そこに綾乃らが戻ってきた。

「すっきりしたか」

オレは2人に訊いた。

「うん、チョーすっきりした」

綾乃は嬉しそうに答えた。普段、暴れん坊のサユリも、今日の綾乃の前では形無しで、彼女の迫力に圧倒されたようであった。

「さぁ、影野さん。早く歌舞伎町へ戻って！」

「えっ、まだ仕事するつもりか」

オレは呆れて、綾乃に訊いた。

「当たり前じゃん！　まだ1本しか入ってないし……ねぇ、サユリちゃん！」

「えっ、あぁ……」

綾乃の意欲に、さすがのサユリもタジタジであった。

(すごいヤツが入ったな)

このとき、オレは綾乃が間違いなく将来のNO1・ガールキャッチになることを予感した。

この話では、綾乃の武勇伝が傑出しているが、このときの警察官の態度も立派だったと思う。警察の不祥事を隠蔽する者が多い中、古きよき昭和の時代の警察官たちは『侍』であった。

そもそもガールキャッチは、客としてぼったくり店に入り一緒に飲んで帰るので、なかなかキャッチ行為としては認定しがたい。それに、客自身から声をかけたというやましさもある。ここが、男性キャッチと女性のキャッチの違いなのだ。

ただ、たとえガールキャッチでも、自分から声をかけると客引き行為として逮捕される。女は女ゆえに、リスクを負うことをイヤがる。だから、警察や刑事に捕まらないように、客から声をかけられる『客待ち』という営業法を選ぶのである。

2人組になってコンビを組むガールキャッチが多いのも、2人でいればどちらかが声をかけられる、という理由からなのだ。今回の事件は、警察側も綾乃たちをガールキャッチであるとわかっていたことだろう。この手の事件が続き、のちに『客引き防止条例』が制定され、ガールキャッチの十八番であったナンパ待ちも、『客待ち行為』として処罰の対象となったのである。

この後、ガールキャッチ業界は衰退し、今では完全に絶滅危惧種となっている。

おバカキャラの売れっ子ガールキャッチ・ノンナンコンビ

綾乃とともにKグループの双肩を担ったのが、『ノンナン』というコンビのガールキャッチだった。梅川法子（仮名）ことノンちゃん。その相方、佐藤奈津子（仮名）ことナッちゃん。2人合わせて、ノンナンというわけである。

グラマラスなボディーに日本的な顔立ち、魔性の女系の美女のノンちゃんと、スラリとしたスレンダーボディーに派手な顔立ち、どことなく小悪魔的な魅力を持つモデル系の美人のナッちゃん。2人の対照的な風貌が客の人気を呼んだ。このノンちゃんナッちゃんのコンビは、演じているのか、天然なのか、とにかくおもしろい子なのである。

いわゆる、おバカキャラというやつだ。だが、バカではガールキャッチはできない。ノンナンは漫才でいうボケとツッコミが自然と確立され、客層によって演じ分けることができるのである。その見事なまでのコンビネーションは、芸術的というしかない。

仕事のできるガールキャッチや稼げるガールキャッチは女帝・綾乃以外にも数多くいたが、彼女たちほど個性的なガールキャッチはいなかったであろう。それほど独自のキャッチワールドを持ち、2人の世界にアリ地獄のように客を引きずり込み、あっという間に驚くような金額を支払わせてしまう。正統派のガールキャッチが女帝の綾乃なら、天然で天才肌のガールキャッチはノンナンだった。

このノンナンコンビもまた、綾乃同様にデビュー初日にとんでもない厄ネタ（トラブルを起こす客）を拾ってしまったのである。もう、ガールキャッチは続けられないのではとオレも心配したのだが、失敗で味わった恐怖をバネに、以後ゴタひとつ起こすことのない優秀なガールキャッチとして生まれ変わったが、この一件は、わがKグループの存続が危ぶまれるほどの事件だった。

ノンナンが、客を探して歌舞伎町一番街を流していた。時間は深夜0時を少し回ったあたり。この時間になると、終電にしようか、始発にしようか迷っている獲物も多く、ガールキャッチにとっては、一番の稼ぎどきなのである。そんな雑踏の中、早くもノンナンの美貌に惹かれた獲物、1人の冴えない男が彼女たちに迫った。

「ねぇねぇ、ノンちゃん、後ろの男、さっきからズーッとついて来てるよね」

ナッちゃんが、小声でノンちゃんにささやいた。

「うんうん、あのキモイ男でしょう。顔真っ赤にして酔っ払ってるよ」

ノンちゃんは男に気づかれないように、チラッと後ろを見た。

稼げなかったガールキャッチはKグループの系列店でホステスとしてアルバイトすることもあった

「おカネ持ってるかなぁ〜?」

ナッちゃんは独り言のように呟いた。

「バレちゃおうか!? ナッちゃんが、タバコを買いに行ってくるからさぁ。ノンちゃんは手持ち無沙汰で待ってて……もし、声をかけてきたら少し話して、おカネを持っているようだったらお店に連れて行こうよ」

「うん、わかったぁ〜」

普段ふざけているようでも、キャッチモードに入ったときの2人は凄い。絶妙のコンビネーションプレーで、数々の男たちを手玉に取っている。早速、ノンナンは行動に出た。

案の定、男は1人で佇んでいるノンちゃんの周りをウロウロ。やがて意を決したように、ノンちゃんに声をかけた。この男、今日は横須賀から歌舞伎町に遊びに来ていた。帰るにはまだ早いし、横須賀は遠い。どうしようかな？　と迷っていた矢先に、運よく（悪く？）ノンナンを見かけたのである。

「ねぇねぇ、キミたち。そんなところでなにしてんの？」

ナンパ定番のセリフを吐きながら、男はノンちゃんに訊いた。

「えっ!?」

ノンちゃんがキョトンとする。男がノンちゃんに話しかけたのを確認し、ナッちゃんが2人
に駆け寄った。

「ノンちゃん。ごめん、小銭貸してぇ～」

ナッちゃんが、ノンちゃんに頼んだ。

「えっ、ごめん～。ノンちゃんも小銭持ってないの」

申し訳なさそうに謝るノンちゃん。その姿を見た男は、ポケットからジャラジャラ小銭を取
り出した。

「小銭ならあるよ」

男は、ノンナンの前に小銭を差し出した。

「えっ、だって……」

ノンちゃんが、戸惑ったような表情でナッちゃんを見た。ナッちゃんも同様な素振りで佇ん

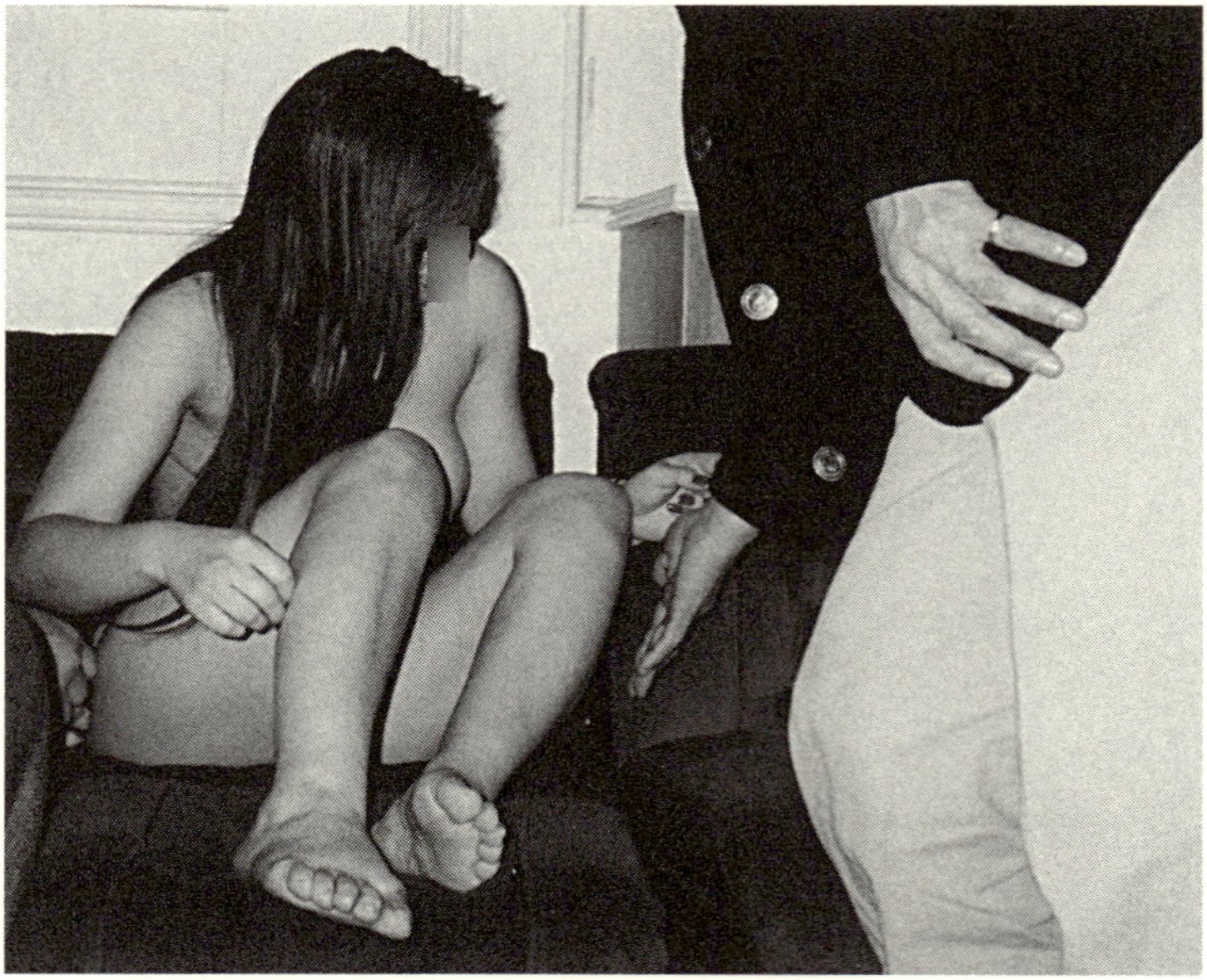

ノリのいいガールキャッチが全裸になり、身体を張ってサービスをすることもあった

でいる。男はそんな2人を見て、人のよさそうな笑顔で微笑んだ。

「じゃあ、貸しといてください」

しばらく考えて、ナッちゃんが言った。

「いいよ、はい」

男は満面の笑みで小銭を渡した。

「ありがとう。お礼といってはなんですけど、一緒に飲みませんか？　以前行ったことのある安い店知ってるんですけど、女の子同士じゃ入りづらくって……」

「ホント!?」

してやったりの男の顔。こうして、また1人、ガールキャッチの餌食となった。3人はすぐに意気投合、歌舞伎町をゆっくり徘徊しながら、わがKグループの本店、黒鷲ビル八階にある『VIKING』のエレベーターに消えて行った。

「な、なんだって〜42万円だぁ！」

2時間後……男は酔っ払って真っ赤になった顔を、さらに赤くして叫んだ。今まで眠そうにしていたのが嘘のように、目を大きく見開き、また伝票を見た。会計にあたっているのは店長の鈴村であった。その鈴村店長を見守るように、ホールを担当するマネージャーの会津が巨体で客の前をふさいでいた。

「えぇ〜、なんでこんなに高いんですか!?　前きたときは、こんなにしなかったのにぃ」

ノンちゃんが白々しくいう。

「そうよ、そうよ。4万2千円の計算間違いでしょ？」

ナッちゃんも相槌を打つ。

このあたりがノンナンコンビの真骨頂。客になりきり、逆に店側を糾弾する。

「オーナーが代わったこと、ご存知じゃない？　以前の料金設定じゃ赤字だったんで、料金体系も変わったんです。いいですか、3人様ですよね!?　まずセット料金が1万円の3名様分で……」

鈴村がノンナンコンビと客を威嚇するように睨みつけ、電卓とメニューを片手に計算を始める。

「で、42万6千5百円……わかっていただけました？」

いつの間に現れたのか、当時のオレの片腕であった仲川和也もカウンター内から姿を現した。

この仲川、身長１８０センチ、体重１００キロを超える巨体に加え、顔面暴力のような悪人相。街を歩けばヤクザだって逃げ出してしまうほどの迫力である。体重１２０キロの会津に加え、顔面凶器の仲川までが鈴村のうしろに立っている。客にとっては無言の圧力であった。

会計交渉は鈴村１人で行うが、背後には仲川や会津らが黙って会計を見守っている。並の男では震え上がってしまうようなシチュエーションであった。

「実はオレ、サイフ持っていなくって……」

男は、ポケットから無造作に4万円と少しの紙幣を取り出し、鈴村に渡した。

「これが……全財産です」

男は申し訳なさそうにうつむいた。

「え～、ノンちゃんもこれだけしかないよ」

ノンちゃんはバッグの中からサイフを取り出し、鈴村に見せるようにサイフを開けた。

「とりあえずノンちゃんは7千円。電車賃だけは勘弁してください。帰れなくなるから……」

鈴村はノンちゃんのおカネを受け取り、すぐナッちゃんを見た。

「ナッちゃんは、これだけしかないよ」

ナッちゃんもノンちゃん同様サイフを取り出し、中を開け、千円札数枚をテーブルに置いた。

「1、2、3、4、5万円……ですか。困りましたねぇ〜。3人合わせても6万円にも満たない。これじゃ請求金額の7分の1にしかならない」

鈴村は困ったような顔をした。

だが、その視線は男のバッグの方に向けられている。ノンちゃんは鈴村の意図を敏感に察知した。

「ねぇねぇ、そのカバンの中におカネ入ってない？　ノンちゃんたちもバッグの中見せて、持ってるおカネ全額払ったんだから、アナタもバッグの中見せてさ、早く帰してもらおうよ」

ノンちゃんが男を諭すように言いながら、彼のバッグを手に取った。その刹那、男はノンちゃんを突き飛ばし、バッグを奪い取って出口に突進した。

「あっ！」

突き飛ばされたノンちゃんが、床に転がる。鈴村や仲川が驚き、ノンちゃんに目を移した隙に、男は逃げ出したのである。こんなときの用心のため、ぼったくりバーには会計時の出入り口付近は屈強な男で固めている。だが、この日たまたま出口前に立ちふさがった男は、Kグループ1のダメ男・丹ちゃんであった。

「ひやぁぁぁ！」

男の突進にビビッた丹ちゃん、あろうことか逃げ出してしまったのである。ものスゴい勢いで店外に出る男。従業員が全員で、そのあとを追った。男は8階から9階に、階段を駆けあがっていった。エレベーターの扉が開いた瞬間、たまたまエレベーターに乗っていたオレが階段を駆けあがる男のうしろ姿を確認した。そのあと、鈴村や会津が追いかけようと店をでた。

「追うんじゃない！」

オレは、とっさに叫んだ。

「えっ!?」

オレの声に驚き、追おうとしていた鈴村や会津が一瞬立ち止まった。

「じゃあ、見逃すんですか？」

オレは黙ってうなずいた。

鈴村や会津は、明らかに不満の色を隠せない。だが、オレの命令に従わないわけにはいかない。

「なぜなんですか？」

堪えきれず、2人はオレに尋ねた。オレは、過去の苦い経験を2人に話した。

10年ぐらい前、オレが西武新宿駅の側でぼったくり個室ヌード『マドンナ』を経営していた当時、トラブルやケンカが起こったときは、自分の店のケンカであろうとなかろうと真っ先に飛んでいき、先頭を切って殴りかかったものである。パクられることなど、屁とも思わない。そんな、血気盛んで暴力的な26歳だった。

ちょっと頭のブッ飛んだ若造が経営する『マドンナ』で、ある日リュックを背負ったオタク風の客が逃げだしたことがあった。しかも逃げるために裏拳で、従業員に不意打ちまで食らわせている。若かったオレは、怒りにまかせオタク野郎を必死で追った。だが、高校時代100メートル12秒台前半で走っていたオレが、リュックを背負ったオタク野郎に追いつけないのである。確かに、相手はトレーナーにスニーカー。オレは、スーツに革靴というハンディこそあったのだが……。

昔のことわざに『火事場の馬鹿力』というのがあるが、このときオレは初めてそれを実感した。

西武新宿駅前の通り、プリンスホテルの前を全力で駆ける2人の男。明らかに尋常な光景ではなかったと思う。オタク男は、靖国通りに向かって全力疾走だった。やっと2メートルほどの差に詰め寄ったのだが、それからの2人の距離がなかなか縮まらない。オレは必死だった。やがて、追いかけっ子をしている2人は靖国通りへと出る。すぐに交差点の信号が赤へと変わった。シメたと思ったオレは、男の背負っているリュックに手をかけようとした。

「わぁぁぁ！」

その刹那、オタク男は大声をあげながら、交通量の激しい靖国通りの交差点に飛びだしたのである。何台もの車が急ブレーキを踏んだ。数十台にも及ぶ車がぶつかりそうになり、そいつは何度も轢かれそうになりながら、靖国通りを無事に渡りきったのである。情けないことにオレは立ちどまって、その光景を指をくわえて見ているしかなかった。よくぞ、事故らなかったものだと思った。手に汗を握っていることに気づいたオレは、なぜかホッと胸をなぜ下ろし、逃げ去るオタク男を見た。すでに男は、オレの視界から消えていた。

目の前で繰り広げられた情景が、走馬灯のように甦る。後にも先にも、こんなに驚いたことはない。心底オレは肝を冷やしていた。このとき学んだことは、人間は極限状態まで追い込まれるととんでもない行動にでるということだった。昔の故事を引用すれば、『窮鼠猫を嚙む』というやつだ。そのときは、たまたま事故にも遭わずにすんだが、いつも助かるとは限らない。もし事故にでも巻きこまれ死んでいたら、オレたちは確実に捕まっていただろうと思う。

「それからだ。オレは逃げ出した客を追うことをやめたのは……これでオレが、オマエらをとめた理由をわかってもらえたと思う」

「じゃあ、逃げた客はすべて逃がせと……」

鈴村が、険しい表情でオレに訊いた。

「そんなことはないさ。たとえ逃げられても、待ち伏せして捕まえるのなら大丈夫さ。そのへんは臨機応変に、な」

「だったら……」

執拗に質問する鈴村を制し、オレはいった。

「それより、客の振りをしているノンナンを帰せ。もし、バンコウにでもタレこまれたら、アイツらも連れていかれるかもしれん」

「は、はい」

すぐに鈴村と会津はノンナンの席にいき、事情を説明した。

ノンナンは、甲高いアニメ声で返事をして店を出た。

「うん、わかったぁ～」

「おい！」

オレは立ち上がり、店を出ようとするノンナンに声をかけた。2人は立ち止まり、同時にオレの方を見た。

「客がどこに潜んでいるかわからないから、しばらくは細心の注意を払って……なっ。今日は店に戻ってこなくていいぞ」

オレは2人の肩を叩いていった。これでゴタは終わったと思っていた。だが、終わったと思ったトラブルが、あとでとんでもない事件に再燃する。

ノンナンを送りだしてから、3時間ほどで店の営業は終了していた。オレは当日、ゴルフの予定だった。普段なら、仕事後の一杯と従業員らと酒を飲んで帰るのだが、その日は出発の時間に追われていて、オレは店長の鈴村に清算を急かした。ところが、待っている間、なんだか外が騒がしく感じる。

オレは、どこかで火事でもあったのかな？　とも思った。遠くでサイレンの音が鳴り響いているからである。そんなオレの胸中を察するように、店の電話がけたたましく鳴った。

電話をとったマネージャーの会津は、相手と二言三言交し、不安そうに電話をオレに手渡した。

「はい、影野です。あぁ、長島ちゃん。今、どこ？　えっ、下にいるのね」

電話は、今日のゴルフのメンバーの1人である、ナカジこと長島盛作からであった。

彼はガールキャッチ専門のぼったくりバー『ＢＡＮＤＩＴＳ』と、ぼったくり居酒屋『五稜郭』の責任者である。ポーカーゲームなどの博打以外は無趣味な男だったが、オレの勧めでゴルフを始めて以来、どっぷりとハマっていた。

「もうすぐ終わるから、コマ前で待ってて……えっ、な、なにい～！」

オレはすぐ電話を切り、すぐ非常避難用の窓を開けた。

「な、なんなんだ、これは……」

オレの狼狽ぶりを見た鈴村は電卓を置き、オレの脇に駆け寄った。

「うわ〜！」

普段、物静かな鈴村が大声で叫んだ。なんと、我がKグループの牙城『VIKING』が入っている黒鷲ビル前に、パトカーが5〜6台、消防車も同数ぐらいに加え、救急車まで停まっていた。それにあたりは黒山の人だかり、なにかとてつもない事件が起こっているようであった。

（なにがあったんだ）

オレは不安の色を隠せなかった。そのとき、店内のドアが開き、長島が駆けこんできた。

「影野さん！　人ですよ、人！　人が、このビルの3階の隙間に引っかかっているんです！」

長島は息を切らしながら叫んだ。

「なんだって！」

オレもつられて叫んだ。

「早く、早く！　とにかく見てくださいよ」

長島は、オレの腕を引っぱって外に連れ出した。オレは長島と、コマ劇場前に立っていた。近くにはあわただしく動きまわる警察官たち。無線で連絡を取っている者、伝令を持って駆けつける者で溢れていた。

「影野さん。あれですよ、あれ……」

長島は心配そうな表情で、現場を指差した。オレは、恐るおそるみんなが注目している方を見た。

黒鷲ビルと隣のビルの谷間の3階付近に、明らかに人影とおぼしきものが蠢いていた。そこには、ビルとビルの狭間にクモのように張りついた、哀れなあの客の姿があった。

オレは、あまりの出来事に呆然とした。やがて、オレの周りに人だかりができた。

「あれ、ノンナンの客ですよね。ヤバくないですか？」

従業員や、キャッチたちが口々に尋ねる。

（おそらく店を出た客が、酔っぱらった勢いで樋を伝って、ビルの屋上から1階まで脱出しようと試みたに違いない。こちらは暴力を振るったわけでもないし、ノンナンは客を装っている）

意外にも、オレは冷静だった。

（こちらに落ち度はない）

瞬時に判断したオレは、この場から去ることにした。そう決断すると、オレの行動は早かった。

まず名義人（ダミーの経営者）の千頭正数（仮名）を呼び出し、この事件が決着つくまで店に待機するように命じた。1人ではなんだろうから、テンギリ（見張り役）の牧野を同じように店に待機させた。そして牧野の代わりに、今日稼げなかったキャッチに小遣い銭を渡し、テンギリをさせ、現場の状況を店内の2人に逐一報告するように指示した。

「すべて、普段通りに行動する。だから、オレたちは予定通りゴルフに行くぞ」

ものの10分ほどですませたオレは、最後にみんなに命じた。一同は驚いたように顔を見合わせ、「え〜っ!!」と叫んだ。

ウチとの因果関係で、クモ男がビルとビルの隙間に落ちたというなら問題である。だが、ヤツは店から逃げだして、クモ男に変身している。そこでぼったくり店との因果関係は消滅している。それより、警察関係者に目立つところで、みんなが不安げに立っている方が怪しい。放火犯は犯行現場に必ず訪れ、事の顚末を見るという。今のオレたちの状態が、警察からしたらそのように見えるのではないか。

オレは、ワザと悠然と構えた。

こんな場面で、トップであるオレが動揺してはならない。部下の不安を煽ることになる、実際の話、客がクモ男になった経緯は誰も知らない。マグロバーのように客に強い酒を無理やり飲ませ、寒い冬空に放っぽり出して凍死させても、店と犯行が特定されないと罪には問われ難い。犯行は、人知れず行われるからである。逮捕されても、逮捕者の証言のみで裁判は進行していく。そこには、検察官の空想による状況証拠のみ。まさに、『死人に口なし』なのだ。それほど、『保護責任者遺棄罪』や『未必の故意』をぼったくりに適用するのは難しいのである。

そのようなことがわかっていたからこそ、オレたちは現場を見てゴルフに出発したのだ。だがスタート前のゴルフ場のレストランで、留守居役の牧野から連絡が入った。

やはり、新宿署がオレたちを疑っているみたいで、クモ男が新宿署で「あのビルの8階でぼったくられた」と、証言したようだった。

その後、新宿署からゴルフ場に電話があり、「明日、事情を聞きたいから責任者を出頭させろ」とのこと。仕方がないので、オレは承諾していた。

おかげで当日のゴルフは大叩きし、いいカモになった。翌日、新宿署に出頭したのは店長の鈴村であった。たまたま事件当日、泊まっていた刑事がオレの懇意にしていた平野順也（仮名）という刑事だった。

そのため少しは安心できたが、それでも現状は厳しいようであった。結局、平野刑事の泊まりの日に、オレが詳しく事情説明することで話がついたのである。刑事は6日に一度交代で、警察署に泊まらなければならない。ヤクザでいう『当番』と同じである。

警察との〝互助〟関係

6日後、オレは事件の決着をつけるため、新宿警察署に出向いていった。

「参ったなぁ〜、影さん。今回ばかりは……」

「なにか処分を下される、というんですか」

平野刑事は黙ってうなずいた。

「あの日の事件が、署長と副署長の耳に入ってんだよ。たまたま担当がオレだったからよかったものの、なんらかの処分を下さないと事件の収拾がつかないんだよ」

平野は頭をかきむしりながら、困ったような表情でいった。

鑑識課の発表では、黒鷲ビルの高さは地上22メートル。路上から、クモ男が引っかかった3階までは5メートル。なんとクモ男は、17メートルも落下したのだという。通常なら確実に死んでいる。死ななかったにせよ、ひとつ間違えれば死に至るような状況にまで追いこんだのは、『VIKING』ではなかったのか?

ここが問題になっていた。

オレは、手に持っていた週刊誌を平野に差し出した。

「これに、面白い事件が載ってますよ。読んでください」

平野は黙って雑誌を受け取った。

オレはニヤッと笑い、平野の方を見た。怪しげなオレの笑顔を敏感に感じ取ったのか、平野はデスクの陰に隠すようにして週刊誌を開けた。

「……………」

平野は意味ありげに微笑み、オレを見た。週刊誌にはビール券が百枚入れてあったのだ。警察社会ではビール券は現金と同じように流通している。新規の配属や栄転など、事あるごとにビール券が贈られる。この当時のビール券、額面は710円。これは金券ショップなどに持って行くと、640円ほどで換金してもらえる。100枚だと6万4千円になる。みるみる平野の顔がほころんだ。

「しょうがねぇなぁ〜」

平野は立ち上がり、捜査課内をウロウロ歩き回った。

「そうだ!」

突然、平野は叫んだ。しかも、顔には満面の笑みを浮かべている。なにか、解決策を見つけたようだった。

「おい、影さん。先日、清原(仮名)ってキャッチが殴り殺されたろ。もともと酒癖の悪かった清原がヤクザにカランだのが原因で、逮捕されたのは倭心会（仮称）の若頭の山本昌史（仮名）だったという事件、知ってるよな!?」

「はい」

「犯人の山本は全面自供してるんだけど、目撃者がいなくて困っていたんだ。このままじゃ裁判にならなくって……」

（確か、ウチの連中は目撃してたよな）

オレは当日いた連中、シキテンの牧野の顔を思い出していた。

「大丈夫です。その裁判に目撃者を出せばいいんですよね」

「そうだ、そうしてもらえると、オレも捜査協力者として、アンタのことを上層部に報告できるから……」

「わかりました！」

オレは喜び勇んで新宿署を出た。１ヶ月後、第１回公判の『罪状認否』が行われ、わがＫグループからは目撃証人としてシキテンの牧野が出廷することになった。この牧野の出廷を約束したことによって、オレたちはお咎めなしとなったのである。いわゆる司法取引というやつだ。

だが、事件は思っていたより遺恨が残った。

裁判に目撃者をＫグループからだすことを知った、倭心会の連中が乗りこんできたのである。

「なぜ、おたくが目撃者を出頭させたのか、納得できるように説明してほしい」とのことだった。

このように文字にすると、普通の会話のように思われるかもしれない。実際は、強面の若衆を4、5人連れての直談判だった。これはオレの想定内だった。

実際、オレと倭心会とは付き合いはなかった。経済力もあり、ほかにも多くのキャッチバーのケツ持ちをしていた倭心会は、Kグループが山本若頭に不利な証言をするのではないか、と思っていたのである。

オレは最初から事情を説明し、このままでは裁判が目撃証人なしで行われることや、その結果がヤクザである若頭が不利になることを説明した。最初はケンカ腰だった彼らも、理路整然と話すオレの言葉に聴き入った。

「警察だってバカじゃない。みなさんが圧力を加え、目撃者を出させないことなんて周知の事実だってことです。それって裁判妨害ですよ。ごぞんじですか」

この一言で、形勢は逆転した。

「実際、オレもその事件は知っている。キャッチの方がヤクザに手を出し、返り討ちにあったのですから、悪いのは被害者の清原の方でしょ？　だったら法廷で、事実を証言してもらえばいいんです」

目撃証人を情状証人にする。オレのひと言で、すべての問題に決着がついた。判決も傷害致死事件としては、かなり軽い判決となった。倭心会の若衆には感謝され、以来、歌舞伎町で顔を合わせるたびに会話を交わすような、良好な関係を持つことができるようになったのである。しかし、この話には後日談があった。

年末、自宅でくつろいでテレビを見ていたオレの目に、見たことがあるような映像が飛び込んだ。毎年年末の恒例となっている『警視庁二十四時』で、画面にはクモ男事件のスリリングな映像が克明に映し出されていた。その雑踏の中心に、オレたちがいた。慌てふためく従業員たちの前で、テキパキと指示するオレの姿。仲川や会津たち巨漢の悪人相の従業員が、ビルから出てくるシーン。心配そうに電話をかけている牧野。あきらかに、オレたちが犯人かのように映しだしたカメラワーク。

「や、やられた！」

オレは、思わず苦笑いした。

歌舞伎町の掟と警察官の大岡裁き

警察官だって人の子、聖人君子ではない。お互いの利害関係が絡めば、誰だって惑わされてしまう。それに世話になった人のため便宜を図ってやるのは、円滑な人間関係を構築する上で必要不可欠なものだ。

だが民間企業への出向を「天下り」などと言うように、自らを天界の住人のごとく勘違いしている公務員は思い上がりも甚だしい。彼らの感覚は、我々一般人とはかけ離れすぎている。頭のお固い役人たちは、民間人との交流を「癒着」だとか「賄賂」などと大騒ぎする。民間に便宜を図ってやっても、それを悪事ととらえられてしまえば、最後は犯罪者として哀れな結末が待っている。悲しいかな外国の公務員とは違い、日本の公務員は融通が利かない。特に日本の警察官はその最たるものであろう。彼らは一般人との親密な友好関係・人間関係を、犯罪の温床として捉え、杞憂するのだろうか⁉

必要以上に民間人との間に距離を置き、「官吏にあらずんば人にあらず」という意識のもとに造られた、閉鎖された特殊な警察社会を構築しているように思える。

だが昔の警察官は、そんな体制や体質を嫌悪した。警察官特有の特異な倫理観を持ち合わせておらず、もっと人間くさかったような気がする。先ほども書いたが、司法取引もあって円滑な警察官の業務を全うできるという型破りな強者や猛者が多くいた。

現在のようなチマチマまとまった警察官などとは、比べものにもならないぐらい人間臭い警察官。

歌舞伎町交番は、その過激な土地柄からか、新宿署内でも仕事のできるエリートばかりが配属されていると聞いたことがある。エリートといっても、机上の学問や筆記試験のみ優秀な青白きエリートとは毛並が違った、豪放磊落な侍の集団だったように記憶する。

もうかれこれ20年近くも前になるだろうか。

仕事が終わった後のミーティングの席で、しこたま酒を飲んだオレは酔っ払っていた。ほぼ泥酔状態だったといってもいいだろう。みんなが酔いつぶれてしまったため、帰ろうとしたオレは、フラフラした足取りで車に乗り込んだ。当時のオレはアメ車に凝っていて、乗るクルマはみな異常にデカかった。このバカでかいクルマを泥酔状態で運転して帰るのである。

アメ車に乗った方ならご存知だと思うが、アメ車はことのほかハンドルが軽い。そのハンドルの軽いアメ車を、酔眼朦朧とした酔っ払いが運転する。危険極まりない行為であった。

案の定、歌舞伎町コマ劇場脇の道と花道通りとのT字路付近で、一時停止をせずに曲がったオレは、あわやというところで通行人を轢きそうになってしまう。

近くでこれを目撃したパトロール中の警察官が、笛を吹きながら駆け寄って来た。

(しまった!)

酔っているとはいえ、この状況がヤバいことに気づいたオレは、心の中で叫んだ。警察官はゆっくりとクルマに近づき、運転者がオレであることを確認すると、ニヤッと笑みを浮かべた。

そして運転席側に回り込み、窓をコンコンとノックした。

(や、ヤバい！　免停か……)

オレは観念した。

この警察官とは顔見知りであったが、話したことはない。

コンコンと警察官が2度目のノックをしたとき、オレは最後の悪あがきで窓を5センチほど開けた。

「なんだぁ、オレは違反してねぇぞ！」

酒の匂いを気づかれないように、オレは怒鳴った。警察官はジッとオレを見ながら、窓に顔を近づける。

「ヤロウが勝手にぶつかりそうになったんだろうよ。捕まえるなら、さっきのヤツを捕まえろよ」

あまりにひどい泥酔者は、身柄拘束されることもあると聞く。場合によっては逮捕勾留されるかもしれないなと思ったオレは、開き直っていた。

幸い被害者となる者は逃げ去っていないし、警察官はオレが一旦停止したかしないか、判別のつかないところにいた。

違反してないことを告げ、オレは警察官を睨みつけた。

「免許証……」

警察官はオレの言うことを完全無視し、免許証の提示を求めた。オレは恐る恐る免許証を出し、酒の匂いを気づかれないように助手席側に顔を向けた。

警察官はサッと免許証を受け取ると、大仰な態度で免許証を見た。

「……」

わずか一分にも満たない時間だったかもしれない。

だが当の本人にしてみれば、一時間にも感じられる長く緊迫した時間だった。気のせいか、背中に冷たい汗が流れているようにも感じられる。車内の静寂の中、時を刻む時計の音がやけに耳につく……死刑台に乗せられ、執行を待つ死刑囚のような気分だった。

「ほら……」

警察官は確認が終わると、窓からオレに免許証を返した。一度身体を起こすとオレをジ〜ッと睨み、再び窓に顔を近づけつぶやくように言った。

「おい、影野、気をつけて帰れよ」

オレにとっては、信じがたいセリフであった。

(た、助かった)

気が変わっては困る、オレは咄嗟の判断でアクセルを踏んだ。クルマは急加速しながら現場を走り去った。

もし、あの場でクルマを降りるように指示されれば、かなりの泥酔状態での飲酒運転。逮捕、身柄拘束、免許証の取り消しなど、その損害は莫大なものになる。前科がつく上に拘禁されるのだから、金銭には代えられないほどの損失である。

とりあえずは助かったのだが、この話には後日談がある。

「もしもし、えぇ、鈴村です。はい、ゴタ（料金トラブル）は話がついたのですが、交番の班長さんが、影野さんを呼べと……」

4日後、いつものように料金トラブルで歌舞伎町交番に呼ばれていた店長の鈴村から店に電話が入り、オレを歌舞伎町交番に呼べという。鈴村は困り切ったように従業員に伝えた。その話を聞いたオレは、突然のことに困惑した。

だが、ここ最近パクられるようなことはしていないという自覚があったので、言われた通り交番に出向くことにした。なによりも、鈴村のことが心配だったのだ。

オレは早歩きで歌舞伎町交番に向かった。

交番に到着すると交代の時間なのか、妙にドタバタしている。これから帰る者、出勤する者、交番内が異様にあわただしかった。

「すいません！『VIKING』の影野ですが……」

オレは入り口付近に立っている、若い警察官・秋澤高志（仮名）巡査に声をかけた。

「はっ、影野さん!?　あぁ、『VIKING』の……。阿部部長、阿部部長！　影野が来ていますよぉ」

秋澤巡査は、大きな声で阿部巡査部長を読んだ。

すぐ2階から駆け下りてきたのは、なんと四日前の警察官であった。オレはここで初めて、この警察官が歌舞伎交番の一斑の班長であることを知った。

彼は歌舞伎町交番では有名な型破りな警察官で、自らを「歌舞伎町交番のカブキ者」と自負する、阿部優起（仮名）という巡査部長であった。

「あっ！」

オレは彼の出現に驚き、思わず声を上げた。

「フッ……久しぶりだな」

阿部部長はニヤッと笑うと、オレの前に立った。

「おい、影野！　オマエ、この前、随分酔っ払っていただろ!?」

オレの耳元でささやくようにいうと、姿勢を正してオレを見た。オレはドキッとして、阿部部長と同じようにニヤッと笑った。

「はぁ、そうでしたかねぇ～!?」

オレは白々しく答えた。阿部部長もニヤニヤしながら、オレを見た。

「影野！」

「はい！」

阿部部長は、またオレの方に顔を近づけ耳元でささやいた。

「ひとつ貸しだな……」

それだけ言って、顔を上げた。

「おい、今後のこともある。オマエの名刺、置いて行け」

阿部部長は歯切れのいい、よく通る声で言った。オレは名刺を一枚手渡した。

阿部部長は名刺を一瞥し、警察手帳にしまいこんだ。

「おい、オレたちは一班だ。なにかあったら、オマエが来い。いいな！　面倒ぐらい見てやるから……」

阿部部長の粋な計らいに、オレは感謝した。

「あっ、はい。ありがとうございます！」

「ただし、ただしだぞ」

「はぁ!?」

オレは阿部部長の言葉を待った。

「少しでも事件性の疑いがあったら、そのときは容赦なく引っ張るからな」

「は、はい！　それで結構です」

カネを獲るため大勢で取り囲み脅したり、暴力を振るったりが、阿部部長いうところの事件性うんぬん、である。こうしてオレは一班の班長である阿部巡査部長と懇意になった。

以来、一班が泊まりのときに起こる多少の料金トラブルは、大目に見てもらえるようになった。

その代わりといってはなんだが、歌舞伎町交番でのゴタでは意地を張らず、客の言い分をよく聞くように従業員たちに指示していたし、極力警察の顔を立てるようにも教育した。

また歌舞伎町でケンカなどが起きたときは、オレが中心になり止めるように奔走したし、事件などが起こったときには捜査に協力したりと、歌舞伎町交番の一班との円滑なる友好関係を築くのに尽力した。

阿部部長は部長で、歌舞伎町交番にタレ込んだウチの客を説得し、店に代わって料金を取りたててくれたこともあった。

今のご時世では考えられないことだが、オレの車がレッカー移動されたときは、阿部部長自らが口うるさい婦人警察官を説き伏せ、車をもらい受けてくれたこともあった。

差し入れの落し物

そんなオレは、事あるごとに歌舞伎町交番に落し物と称し「リポビタンD」を1箱差し入れていた。

落し物とは、公然と差し入れを受け取れない警察官への奇策であった。

「すいません、『VIKING』ですけど……」

『VIKING』の若手従業員、河内大吾郎（仮名）が歌舞伎町交番を訪れた。

「はい、なんでしょうか!?」

「実は、これ、コマ劇場前に落ちていたんですけど……」

シミトシと愛称で呼ばれる、清水俊幸（仮名）なる巡査が、訝しそうに箱を見た。

「遺失物ですか？　ではこの書類に……」

「あのぅ、ボク、影野さんのところの者なんですが……」

「あぁ、影野んところか!?」

手のひらを返したように、清水巡査の態度がガラッと変わった。

「そうかそうか……で、影野は元気なのか!?」

「はい」

「だったら、たまには顔を出すように言っといてくれや。遊びに来いと……あっ、落し物はそこに置いといてくれ」

といった調子である。そして河内が帰るとき、思い出したようにシミトシ巡査が言った。

「おい。これ、書類書いていくか？」

「いや、忙しいので結構です。もしなんでしたら、無記名で書類を巻いといてください。落とし主が現れても、謝礼は結構ですからと……」

河内がサラリと答える。

「そうか、悪いな。じゃあ、オレが責任を持って書類を作成するからな」

まったくの茶番劇である。

わざわざ落し物を届けてくれた労をねぎらっての手間を取らせて「悪いな」なのか、差し入れしてくれたことへの感謝の「悪いな」なのか、真偽のほどわからないが、前者なら殊勝な民間人に対する感謝の謝辞であり、後者なら完全なる贈収賄である。

「オレの方からチョウさん（阿部巡査部長）にも、報告しておくから……」

「ありがとうございます」

「拾ったのは、影野なんだな!?　そして、謝礼を拒否したいとのことだな」

「はい！」

笑顔で返事をし、河内は交番をあとにした。

このように昔の歌舞伎町には、「取り締まる側」と「取り締まられる側」との間にも、善悪を超えた人間味溢れる交流があったのである。昔の警察官なら、酔っ払いが公務執行妨害してもトラ箱（酔っ払いを保護する房）に入れて、翌日パイ（釈放）である。垢抜けた警察官なら新宿署まで連れて行かず、交番でゲンコツの一発でも喰らわせ、その場でパイだ。

しかし、最近の警察官は違っている。

勤務成績を上げるためか、大した事犯でもないのに逮捕逮捕を口にする。それが現代の風潮なのか？　いたずらに逮捕したからといって、その逮捕が被疑者にとってプラスになることはない。とくに前途ある若者の将来を閉ざすことにもなりかねない。

そのようなことから大岡裁きのような、民間人の情状を加味した阿部部長たちの処分には感銘をうけたのである。

そんな事件のあと、オレに一本の電話が入る。

「おう、影野さんかい。オレだよ、オレ……」

ここ昨今、流行っているオレオレ詐欺ではない。

オレと懇意にしている、新宿警察署の捜査二課に移動となった菊田茂（仮名）という刑事からであった。

「影野さんによう、紹介したい連中がいるんだ。どっか、人目につかない場所とれるかな」

いつもはふざけて話す菊田刑事だが、今日は真剣に話している。どうやら、新しく配属になった刑事などを紹介してくれるのであろう。

「わかりました。絶対、安全な場所を用意しますよ」

「あぁ、頼むよ。アンタにとっても悪い話じゃない」

時間を指定してきた菊田刑事は、それだけいうと電話を切った。

オレは、すぐに『BANDITS』に電話を入れ、オレが客を連れていくので店は開けないでおけと命じた。

当時の店長の江藤浩三（仮名）はあまり機転の利く従業員でなく、オレがなにをやりたいのか、理解できないようだった。

「それから、接待のデキるガールキャッチを10人ぐらい集めて待機させておけ」

「は、はぁ……」

江藤は、ボーっとしたような声で答えた。

「とにかくオレが客を連れて行ったら、『川新《かわしん》』で特上の寿司を5人前とるんだぞ。あとはオーダーを頼まれたら、パリッとした態度で応対するんだ。客を接待するのは、腕利きのガールキヤッチたち。そして、今日のオマエのテーマは、銀座の高級クラブの黒服、だ。わかったな」

「は、はい」

わかったのか、わからないのか。スッとぼけたような声で、江藤は返事をした。

1時間後、菊田刑事は同僚の刑事とともに、2人の若い刑事を連れてきていた。江藤に案内されてオレが席に着くと、すぐに菊田刑事は紹介を始めた。

「社長。コイツらは今年度より、ウチに配属されたキャリアの連中だ。階級はオレと同じ警部補だがな」

菊田刑事は、2人を見てニヤッと笑った。

「おい。この店の社長の影野さんだ。オレが世話になっているので、オマエらもかわいがってもらえ。ほら、名刺を渡しておけ」

「はい！」

若さゆえの素直さなのだろうか。刑事にしては、人を疑うような猜疑心の目でオレを見ない。オレは、2人の青年刑事に好感すら覚えていた。

（コイツらも、あと数年したら菊田刑事みたいになるのかな）

ふと、そんなことを思ってみた。

「なぁ、社長。2人の名刺、見てごらん。オレらは『警視庁新宿警察署・警部補』になっているが、２人のは『警察庁警部補』になってるだろ」

「あっ、ホントだ！」

オレは、思わず声をあげた。長い間、警察関係者と付き合っているが、警察庁の名刺をもらったのははじめてであった。オレは改めて名刺をジッと見た。菊田刑事は、シタリ顔でオレを見る。

「コイツらは、新宿署で2〜3年いて転勤していく。そして、28歳ぐらいで、都内の小さな警察署に署長として赴任する。肩書は警視だ」

「へぇ〜」

「だが、今は右も左もわからん警部補、オレと一緒だ。ただ、年齢と実働はオレたちが長いので、教育係としていろんなことをコイツらに教えるんだ」

それだけ言うと、菊田は2人に向かっていった。

「いいか、オマエら。オレたちノンキャリは、このように地域を回って情報や協力を得ている。そういう苦労があることを、オマエらは絶対忘れてはならんぞ」

「はい！」

体育会系の警察ならではの指導法だろうか。２人は背筋をピーンと伸ばし、大きな声で答えた。

「それでは、おふたりの新宿署配属を祝って一杯やりましょうか」

「おぉ、社長。なんか、コイツらにごちそうしてやってくれ」

待ってましたとばかりに、菊田刑事はオーダーをだす。オレは、すぐに待機していたガールキャッチを店に入れた。

「おい、綾乃。大事な客だ。念入りのサービスを頼むぞ」

「ウン、わかってるって……」

女帝・綾乃はウインクをし、客席に小走りで向かった。

「いらっしゃ〜い！」

すぐあとに、ノンナンコンビや若い美形のガールキャッチが続く。たちまち店内は、華やいだ嬌声で溢れかえった。

歌舞伎町ガールキャッチのＴＯＰ３が誠心誠意の接待をする。もし、普通に請求していたら、数百万円を超える金額になっていただろう。銀座の最高級クラブより高いかもしれない。

オレの現役時代、このような接待が多々あったと記憶する。というより、積極的に接待の場を設けていたといってよい。警察側も、オレたちの接待を民間人との癒着とは思っていなかったはずだ。むしろ官民と、民間人の情報交換の場と捉えていたように思える。

だから、プライベートでも相談されることが多かった。

ときとして、保安課（現・生活安全課）以外の刑事からも電話が入り、突然「今日中に20万円貸してほしい」と嘆願されたことがあった。

新宿署一の柔道の達人といわれた、塚本洋一（仮名）という巡査部長からだった。

また、あるときはシキテン車をノックした田口則正（仮名）という鑑識課の警部補が、オレに向かって小声で「若い者を飲みに連れていきたいから店を紹介してくれ」と頼まれたこともある。この場合の紹介は、『カネを払わなくてもいい店』である。

似たような例で、ある高級韓国クラブから懇意にしていたマル暴（捜査四課暴力団担当）のイケで知られた柳瀬良介（仮名）刑事に店の前まで呼びだされたことがあった。

店は歌舞伎町にあるゲイのハッテン場（出会いの場）として有名な、サウナ『小判会館』（仮称）の隣のビルにあった。店内から出てきた柳瀬刑事はオレを小判会館の前まで連れだし、「悪いけど影さん。カネを出してくれないか」とストレートにいった。

「じゃあ、店の飲み代はオレが払っておきますね」

オレは内ポケットからサイフを出した。

「いや、会計はスポンサーが払うからいいんだよ。それより、若い者を飲みに連れていってやりたいんだ。5万円、いや3万円でいいから面倒見てくれないか」

柳瀬刑事は酔って、呂律がまわらなくなっていた。オレは黙ってうなずき、サイフから5万円を出して渡した。

警察各署には、新年に『武道始め』という行事を行なう。これは、柔剣道を鍛錬している警察官の武道会のようなもので、地元の名士やビルのオーナーなど地域の資産家らを招いて行われる。もちろん招待は無料だが、各自が警察署長あてに祝い金を包む。

金額に関しては中身を見たわけではないから、いかほどのご祝儀を包んだかはわからない。ただ、子供へのお年玉のレベルではないので、祝儀袋には最低でも数万円から数十万円ぐらいは入った厚さだったと思う。懇意にしていた刑事から聞いた話では、一般には「捜査費用が不足したときに署長が出資する」ためのものだという。

捜査費用が不足するか否かはわからないが、もし捜査費用が不足しなければ、当然、署長のポケットマネーとなるカネなのだろう。

この場のスポンサーも、おそらくは地元の名士や資産家の方々が、署長や署員を接待していたに違いない。いよいよ二次会となり、署長とキャリア組がスポンサーらと同行するようになり、ノンキャリで叩き上げの柳瀬刑事たちは暗黙の了解で席を引かされたのだろう。スポンサーや上司に気を遣って飲んで、ほろ酔い気分で解散となる。呑兵衛には、こんなつらい展開はない。もう一軒といきたいところだが、ノンキャリの刑事の薄給では若い者たちの面倒を見ることは厳しい。そこで、柳瀬刑事がオレを頼ってきたのである。

オレも刑事らと親密に付き合っているので、その辺の事情は熟知している。

このような人間関係の交流があって、オレたちのKグループはある程度のぼったくり営業が黙認されていた、といえるだろう。

だから、現在のような『民事不介入』ばかり振りかざし、弁護士までも使ってぼったくりを正当化しようとするぼったくり業者には辟易している。

彼らは警察を敵対視し、彼らの鼻を明かすことのみに奔走する。

今、考えてみると、オレは警察が嫌いではなかった。それは、前述したような人間味溢れる刑事や警察官がいたからだと思う。

「あぁ〜、昔は遠くなりにけり、だな」

ぼったくり被害のニュースを視るたびに、そうつぶやくのはオレたちだけだろうか。きっと、定年退職した昔の新宿署の元刑事さんたちや元警察官らも、オレと同じようにため息をついていることだろう。

第五章 歌舞伎町ヤクザと台頭する外国人勢力

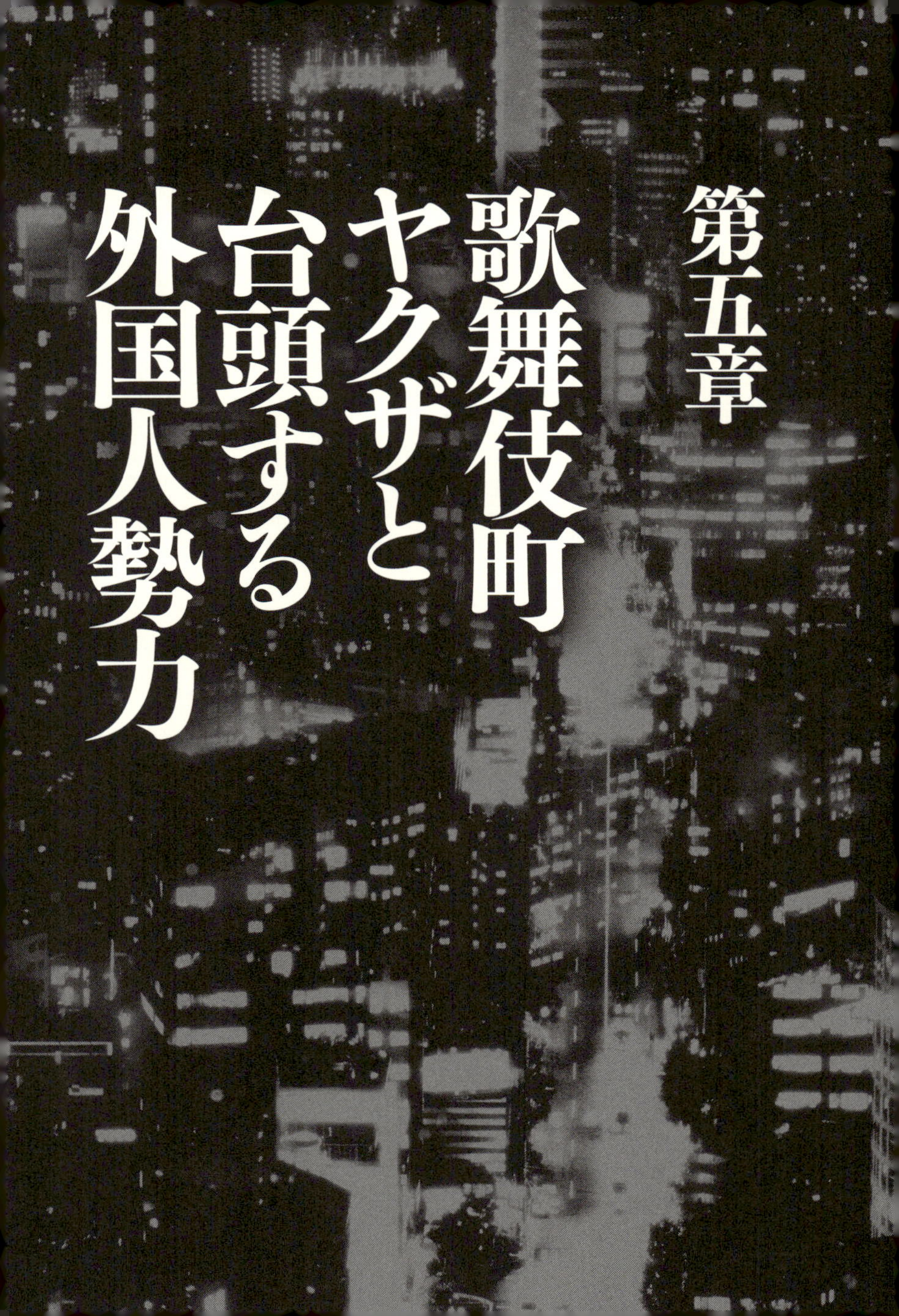

日本ヤクザ vs 外国人マフィア

第二章で記述したように、空襲で焼け野原となった新宿の歌舞伎町は、終戦後、関東飯島一家二代目である尾津親分の新宿マーケット（尾津マーケット）の開設により、信じられないようなスピードで復興を遂げていった。その後、新宿駅西口線路沿いには安田組の安田マーケットが、南東口近辺には和田組の和田マーケットが闇市を開いた。

ヤクザによるマーケット開設の経済効果で、終戦直後の混乱が落ちついた歌舞伎町には、復興後に力をつけたヤクザの『シマ割り』ができていた。

だが、正式なヤクザである博徒やテキ屋に対し、在日系の愚連隊や中国人らのグループが対立。ヤクザたちとの血を血であらう抗争が絶えなかった。この時期、いまだ敗戦の痛手から立ち直れない警察は、自らを戦勝国民だと称して歌舞伎町をワガモノ顔で暴れまわった外国人の韓国や台湾、中国人たちの勢力を駆逐するのに、ヤクザの力を頼った。戦後の動乱期は、警察の力だけでは不良外国人グループを抑えることができなかったのである。

そんな功績？　からか、警察側はヤクザは『ヤクザ』として認定し、韓国や台湾の外国人の悪漢らを『マフィア』として区別するように一線を引いたという。

現在は、歌舞伎町の外国人マフィアの国籍は全世界中に及び、それぞれがヤクザと複雑に絡み合っている。しかし、当時は外国諸国との国交がなく来日が難しかったため、外国人といえば日本に在住している韓国、台湾、中国人たちだった。終戦直後の歌舞伎町では、日本のヤクザと彼らとの利権争いが続いた。そんな動乱も落ち着いた昭和30年代の半ばから、新宿駅付近の大規模復興計画とともに高度成長期が訪れる。

戦後混沌の時代、必要不可欠だったヤクザ組織は、復興を果たした社会には無用の長物となる。

1964年（昭和39年）の東京オリンピック誘致に伴い、池田勇人内閣がヤクザ組織の壊滅を目的とした『第一次頂上作戦』が行われた。この頂上作戦は東京オリンピック終了後も、1969年（昭和44年）までの5年間続くことになる。

戦略的には、当時のヤクザの資金源を徹底的に摘発し、トップや最高幹部らの検挙を行い組織の解体を目的とした。この頂上作戦により、博徒やテキ屋などのヤクザ組織は彼らのシノギであった賭場や香具師の仕事が厳しく規制され、昔ながらのヤクザは暴力団として国家の反体制勢力に認定されたのである。以後、歌舞伎町ではヤクザ勢力は終戦直後のような派手なトラブルを起こすことなく、1981年（昭和56年）に大阪で誕生したノーパン喫茶が歌舞伎町に上陸し、史上空前の風俗バブルが巻き起こるまでは意外に平穏であった。

この歌舞伎町の風俗バブルの到来は、新宿の夜間人口を激増させた。人が集まるところには、必ず巨大な利権が生まれる。この風俗バブルの恩恵を、最も受けたのが歌舞伎町のヤクザだった。

風俗バブルで歌舞伎町のヤクザは、息を吹き返したのである。

人、人、人で賑わう街にはトラブルが多発する。飲食店や風俗店の経営者の多くは、歌舞伎町のヤクザにケツ持ち（用心棒）を頼んだ。1店舗のカスリ（みかじめ）は5万〜30万ぐらいが一般的な相場だ。

余談となるが、このミカジメの語源は、「カスリを払わないと、店を3日で閉めさせるぞ」という脅し文句からきているという。

このミカジメに付随して店で使用するオシボリや、店内の花や絵画などの類いをヤクザがリースした。また、盆暮れの付き合いに無尽（頼母子講）や、春と夏の高校野球などやノミ屋などの賭博の付き合いもある。違法である客引きなどを出すとなると、1人1本あたりいくらかの出面《でづら》（客引きの上納金）や別途の月極のカスリが発生する。これら、全てがヤクザの収入源となった。加えて金融業や、店舗などの不動産リース業。裏本や裏ビデオの販売。覚醒剤マリファナなどの薬物や、アンパン（シンナー）の売《ばい》による収益も、ヤクザ社会に巨額の利益をもたらした。

ほかのヤクザは裏商売だけではなく、見どころある若手らに潤沢な資金を融資し、経営者として育てたりもする。彼らは〝トキワカ〟と呼ばれ、のちの「企業舎弟」の前身となる。

このように歌舞伎町は、破産者や夜逃げ同然で故郷を追い出された者にとっては、今一度再起を図るチャンスを摑める街でもあったのだ。

しかし、魑魅魍魎が棲む町だけに揉めごとも多い。当時の歌舞伎町の客層はというと、戦争体験者が管理職、彼らの部下たちが安保闘争を戦い抜いた団塊の世代。威勢のいいサラリーマンが暴れ、店内で大乱闘になることも少なくなかった。しかも警察も歌舞伎町という土地柄、多少の暴力沙汰は相手にしない。ケンカ両成敗と主張し、双方を帰してしまう。現代では、信じられないような警察の対応だった。結局、店と客との仲裁に入るのはヤクザだった。

今では化石とまで揶揄されるパンチパーマで頭を固め、常にサングラスをかけ、派手なヤクザチックファッション。シルクのサイドベンツスーツには、ド派手な裏地が粋とされた。ゴールド主体の貴金属に、ピアジェやピゲの高級腕時計。数年後には、金無垢のロレックスが流行りとなる。靴はクロコダイルやエナメルが主流、DCブランドのバックルのベルトには燦然とポケットベルが輝いていた。

そしてヤクザは代紋入りの特攻服を着せた大勢の若衆らと徒党を組み、歌舞伎町を「巡回」と称して歩き回った。これは自らの組織力を誇示する示威行為であり、歌舞伎町の治安維持のためでもあった。1980年代になり、ヤクザがもっともヤクザらしく生きることのできる時代になったのである。

それでも、もしヤクザと知ってケンカを売る聞き分けのない客には、堅気であっても徹底抗戦で挑む。非常時のため車のトランクには、ゴルフバックに忍ばせた日本刀や木刀を常時隠し持っていた。拉致と、ナンバープレートを隠すためのガムテープなども必需品。手ぶらのときは店に置いてある包丁や酒瓶を持ち出し、酔客が街中で追いかけ回されているシーンもよく目撃されたものである。

ヤクザのメンツを潰されたときは、代紋を守るため堅気であっても容赦しないという、気概の現れであった。それゆえ、『歌舞伎町＝怖い』のイメージが定着した。

当然、逮捕者も続出するが組織が裕福なため、身体を賭けても出所時には盛大な放免祝い（激励会）が開かれ、莫大な金額の出所祝い金（報奨金、カゲチョウフ）が贈られた。

論功行賞により得たカネは、商売や事業を始めるもよし。家やマンション、ベンツなどの高級車など、好きなものを買うもよし。稼いだカネは、すべて自己投資する。

いい服を着て、いい車に乗り、いい女を連れ、いい酒を飲み、いいものを食らう。汚く稼ぎ、歌舞伎町できれいに遣う。これが実行できて、初めて「粋」なヤクザなのだ。

組事務所も歌舞伎町内に、堂々と構えることができた。外からもわかるように、○○組や○

○会などと代紋入りの看板を出す。内部も今のようにパソコンやＯＡ機器が溢れ、ＩＴ系のオフィスかと見間違うような現在のヤクザ事務所とは正反対だ。神棚、提灯、名札と、ヤクザ事務所の三種の神器が備えられ、鎧兜に刀剣類や大壺に大皿などの高級調度品が所狭しと飾られていた。その事務所には、多くの若衆たちが暮らしていた。彼らは地方から歌舞伎町に集まり、そのままヤクザに憧れ稼業入りしたのだ。当時の風物詩、少年ヤクザの誕生であった。彼らの登場は、歌舞伎町をさらに彩る。

闇夜に解き放たれた若い野獣どもは、代紋を背負い毎夜のようにケンカに明け暮れ、木刀や金属バットを手に歌舞伎町内を跋扈した。古きよき昭和の時代、ヤクザは資金力と戦闘力を兼ね備えた最強の組織だったのである。

そんな歌舞伎町のヤクザに対して、日本とともに自由主義国家の道を歩んだ韓国や台湾のヤクザは、欧米諸国のマフィアと違って日本のヤクザと精神性に共通点が見られ、シマ持ちである彼らのシノギを荒らすことなく闇に潜んで増殖していた。のちに韓国ヤクザは裏のシノギを正当な事業へと転身していき、歌舞伎町から新大久保にかけてのコリアンゾーンを作り上げている。

だが、韓国や台湾マフィアとは違った存在が、反日勢力の中国人マフィアたちであった。中国人マフィアは、『上海』、『北京』、『福建』といった3つの大きな組織に分かれ、出生地によって徒党を組んだという。

1994年（平成6年）になると、この中国人マフィアが勢力を一気に拡大し、同年8月10日、歌舞伎町の史上もっとも残忍な殺人事件が起こる。

中国青竜刀による惨殺、快活林事件（青竜刀事件）である。

この事件によって、歌舞伎町の中国マフィア（黒社会）がメディアで騒がれ、中国人だけではなく外国人マフィアの存在が衝撃的にクローズアップされた。それからも中国人マフィアらは、歌舞伎町内で頻繁に事件を起こし続ける。

2002年（平成14年）9月、喫茶『パリジェンヌ』にて、日本のヤクザの利権を奪おうとした、中国人マフィアとの間にトラブルが発生。中国人マフィアは混み合い（談合）の席上で、あろうことかヤクザ1人を射殺する。

この事件により歌舞伎町のヤクザ側が激怒し、中国人マフィアを完膚なきまでに駆逐した。

世界中にはびこるマフィアは、地下に潜んで正体を明かさない。自らが裏社会の人間であることを、隠しとおすのである。今まで家族ぐるみで付き合っていた隣人が、ある日を境に姿を消す。そして、メディアで消息不明となった隣人が、マフィアとして逮捕されたことが報じられ、初めて隣人がマフィアだったということを知る。そんなことが珍しくないのが、闇に潜む海外マフィアのスタイルである。

だが、日本のヤクザは堂々と代紋という『看板』を出し、自分たちが裏社会の人間であることを堂々と名のる。だから、ヤクザのシマ内でわがもの顔で悪事を働く野面（あつかましい）な外国人マフィアには、ヤクザのメンツにかけて徹底抗戦で挑むのである。

その後、2003年（平成15年）石原慎太郎都知事（当時）が、『歌舞伎町浄化作戦』を決行。徹底的な摘発検挙を行い、200軒を超えていた店舗型の風俗店はそのほとんどが姿を消した。

さらに同年、石原慎太郎都知事の大号令の下、前年のパリジェンヌ銃撃事件などを契機に、不法滞在外国人の締め出しが始まった。4月からの徹底摘発を手始めに、石原都知事は「5年間で東京の不法滞在外国人を半減させる！」と公言。前年、すでに全国に先駆け、警視庁は犯罪予防を目的として歌舞伎町の街頭に55台の防犯カメラを設置している。

並行して風営法も改正され、2006年（平成18年）5月からは従来からの0時以降営業の処罰規定が強化され、外国人女性の就労資格確認の義務づけ、客引きの禁止などが加わった。この規制で軒並み、中国人クラブ、韓国人クラブなどが閉店に追い込まれ、中国マフィアの姿はほとんどといっていいほど街から消えた。

猥雑でギラギラしたネオン街から、熱気と狂騒が消えてしまった歌舞伎町には魅力がなくなり、最盛期には1日40万人が訪れたといわれる日本一の繁華街が、当時は15万人程度に落ちこんだという。

時代の移ろいに乗り遅れぬよう、ここで歌舞伎町は新しく変貌を遂げ始める。

２００８年（平成20年）12月31日、歌舞伎町のランドマークであった、新宿コマ劇場の撤去が決定。閉館から2年以上たった、２０１１年（平成23年）3月10日から新宿コマ劇場の解体工事が始まった。同年10月1日『東京都暴力団排除条例』が施行され、暴力団関係者との会食、ゴルフ、旅行など交際する人物を警察が、『密接交際者』と認定を行うことを発表した。

今回の施行にあたり東京都では、暴力団関係者が金融機関からの融資（ローン）を受けたり、当座預金の開設ができなくなったり、住宅の賃貸契約もできなくなるように、関係機関が各業界団体に働きかけていると報道されている。

この時期、暴対法の施行の影響を受け、日本のヤクザが弱体化していった。

そして4年後の２０１５年4月17日（平成27年）、コマ劇場跡地には、複合インテリジェントビル「新宿東宝ビル」（地上31階地下1階建て）が落成。屋上には東宝映画の金字塔、『ゴジラ』のモニュメントが設置され話題を呼んだ。歌舞伎町の新しいランドマークの誕生であった。

新宿東宝ビルの完成に合わせ、旧コマ劇場周辺も再開発されはじめる。旧コマ劇前の「噴水広場（旧ヤングスポット）」はリニューアルされ、新宿駅東口から旧コマ劇に通じる「セントラルロード」も「ゴジラロード」と名称を変え、昔の歌舞伎町の面影は完全に消失した。

この流れの裏では外国人経営のぼったくり店の台頭に、本家本元の日本人経営のぼったくり店はおとなしい時期があった。その後、イラン人が薬物事犯で台頭してきたが、彼らも中国人マフィア同様、日本のヤクザたちとソリが合わず消えていった。

主に東南アジア諸国のマフィアたち、コロンビア、ルーマニア、ナイジェリア、セネガルなど、日本に就労にきて犯罪者になった外国人たちは中国人や韓国人らとは違い、目立つためか早々と歌舞伎町から消えた。そして、日本人と国際結婚し日本の在留資格を得ることに長けていた、ナイジェリア人、セネガル人らが歌舞伎町に残り、ぼったくり店を始めた。

最初に歌舞伎町への進出の礎を築いたのは、ナイジェリア系黒人グループであった。彼らは当初、日本へは正規の輸入業者として来日していたという。だが、正業より盗難車を持ち帰ったり、薬物を運びこんだりする方が利幅が大きく、いつしか副業が正業を淘汰したのである。やがて彼らは日本で堂々と仕事をするために、日本国籍を取得することを第一に考えた。彼らは、日本開拓の先人を真似て、日本女性と結婚することによって日本の国籍を取得することを覚えた。言葉も日本人妻から学ぶこともでき、日本で暮らすには非常に有用な方法であった。そして、結婚による日本国の国籍を取得した黒人たちは、薬物などのリスクの高い仕事よりも、比較的安全な歌舞伎町でのバーやクラブの経営を始めたのである。

歌舞伎町では思ったほど稼げないと知った黒人たちは、やがて店舗をキャッチを使ったぼったくり店に変えてゆく。当初は、かなりのトラブルが新宿署に舞いこんだという。

だが、日本に在駐するアフリカなどの大使館側も、歌舞伎町で店を営業している自国民を容認している感があった。

日本での外貨獲得が、貧しい祖国の発展につながると考えているからだろう。それが、たとえぼったくり店であったとしても、である。国家が黙殺……いや容認している以上、日本の警察も、よほどの事件がない限り手に負えないのだろう。

外国人のぼったくり店は、所轄の警察署にとってはアンタッチャブルな存在。完全摘発には、なかなか踏みきれなかったのである。そして、野放し状態となった外国人のぼったくり店は、日本人のぼったくり店以上にさまざまなトラブルを生みだした。

外国人マフィアとカード犯罪

少し前のことである。

オレは打ち合わせで、歌舞伎町に来ていた。

風林会館にいく前、オレはカネをおろしておこうと思った。ちょうど、風林会館の手前にコンビニがある。中に入ってＡＴＭ前にいくと、そこでは屈強な黒人と貧弱な体型のサラリーマンがモメていた。

「アンタ、はやくしろヨ」

サラリーマンは酔ってはいるが、おびえて顔面蒼白である。

「サァ、はやく」

「……」

どうやらサラリーマンは、わざと暗証番号を間違えているように見える。

「マタ、まちがえたネ。いいかげんにしろヨ。おミセにもどろうか?」

身長はないが筋骨隆々とした黒人が、サラリーマンの首根っこを摑んで大きく揺さぶった。

「おい、いい加減にしろ!」

オレは腹が立って、黒人を睨みつけた。

「なんだ、オマエ……」

凶悪そうな目でオレに睨みかえす。しばし、オレと黒人は火花を散らせ睨みあった。

「フンっ!」

しばらくの沈黙のあと、黒人が目を逸らした。

「オイ、いくヨ」

黒人はイヤがるサラリーマンを連れ、コンビニを出ていった。

「フゥ……」

オレは、ホッとためいきをついた。

そのあと1時間ほど、風林会館のパリジェンヌで打ち合わせをし、歌舞伎町に戻った。すると風林会館前の交差点で、歌舞伎町のヤクザである出野康明（仮名）組長がオレの前に姿を現した。久しぶりだったので、オレは出野組長と挨拶を交わした。

「久しぶりですね、影野さん。今日は、なにか取材ですか」

出野組長は、筋骨隆々とした身体に似合わないさわやかな笑顔で、オレに声をかけてくれた。

「いや、打ち合わせにきただけですよ。組長は、どこかにいかれるんですか」

オレは出野組長に尋ねた。

「いつものように歌舞伎町パトロールですよ。シンネコで客引く外国人が増えているみたいなんで」

オレも、出野組長に合わせ笑顔で返した。出野組長は酒豪で、毎日、歌舞伎町の徘徊が終わると飲み歩いている。オレも酒席で、たびたび出野組長らのグループと遭遇していた。

出野組長は、若くして組長となった歌舞伎町ヤクザ界の逸材である。オレは彼からおもしろい話でも聞けるのではと、一緒にパトロールに繰り出した。

さすがに毎日歌舞伎町を見回っているだけに、出野組長はイイ顔である。特に、外国人たちの出野組長に対する態度は、慇懃《いんぎん》すぎるほどであった。

出野組長は、なんとなく歌舞伎町をブラブラ巡回しているように見える。だが、ときおり見せる厳しい表情は、昼間から客を引いている黒人らに向けられていた。

「最近、外国人……特に、黒人の行儀が悪くなりましてね」

出野組長が、困惑したような表情でいった。

「なるほど……先ほどもコンビニで、ＡＴＭ前でカネおろせと黒人に脅されていたサラリーマンがいましたよ。頭にきたから、文句をいってやりましたがね」

オレは出野組長に、先ほどのコンビニでの事件を述べた。

「えぇ、最近よく見かけますよね。自分らもヤツらがカスリを払って商売でやってるんだから、横から口出しはしませんが、あまり気分のいいものじゃありませんよね、同じ日本人として……」

そんな情報を交換しながら、２人でさくら通り歩いていた。すると、目の前にドレッドヘアーで長身の黒人が客に声をかけている。

それを見た、出野組長はドレッド黒人に向かって叫んだ。

「おい、オマエ！　誰に断わって、ここで客引いているんだ！」

出野は、周囲の客引きが驚くほど大きな声で叫んだ。ドレッド黒人は、振り向いて頭を下げるかと思いきや、出野に走り寄ってきた。

「ナンダ、オマエ！　ウルサいヨ!!　ヤルのかぁ」

顔を出野に向け、顎を突き出しながら喚く、ドレッド黒人。

「オマエ、ローズを通していなかったよな〜」

出野は、ドレッド黒人を睨みつけた。

「ウルサい、ニッポン人のクセしやがッテ！」

完全に、日本人をナメきっている言動である。

「テメェ、誰に向かって口きいてんだ、コラ！　黒人のくせしやがって！」

出野組長に対する生意気な態度に、オレが頭にきてドレッド黒人を怒鳴りつけた。先ほどのコンビニでの出来事も、脳裏に残っていたのだろう。大人げない話だが、オレもケンカをやる気満々になっていた。

「ナンだ、オマエ!!」

そんなオレの心中に気づいてか、ドレッド黒人がオレに向かって吠えた。そのとき、横からあわてて出野組長がいった。

「ダメですよ、影野さん。コイツら、手を出したらすぐに大使館に駆け込みますから」

何度か、イヤな経験があるのだろう。出野組長は苦々しげにいった。日本で外貨を稼ぐ外国人は、祖国の大使館というバックボーンを持っている。だから、自国民が些細な事件に巻きこまれても、大使館から日本国家に対し抗議がなされるのである。しかも、大使館からクレームがきた場合、国際問題に発展するので警察もなかなか手を出せないのだという。

「オイ、やめろ！　スイマセン、出野ボス。まだ、ニッポンにきたばかりで……」

1人の黒人が現れ、出野に頭を下げた。

「……」

黒人グループの親方が登場してオレたちにワビを入れたが、当の本人は不満そうである。現に話をしている間も、まだオレと出野組長を睨みつけている。

「ホラ、アッチへいって！　ワタシから出野ボスに話しとくから」

ドレッドの黒人は、渋々とほかの黒人たちに連れられていく。

出野組長は、リーダー格の黒人と少し言葉を交わし戻る。そして、オレとともに歩き出した。

「黒人のグループは、ナイジェリア人とセネガル人の2つのグループに分かれているんです。ガタイがよくって筋肉質の黒人はナイジェリア系、今のように背の高い黒人たちはセネガル系です。まぁ、あれだけのガタイですから、ヤツら歌舞伎町をわがもの顔で歩いてますよ」

「あぁ、そうなんですか」

しばらく見ていると、確かに日本人のキャッチ以上に大胆で強引である。

オレは歌舞伎町のぼったくり稼業から足を洗って、すでに10年以上経っている。当時なら死活問題であった、外国人のキャッチとぼったくり店の乱立。こんなヒドい状態であったなんて……オレは、現役から遠のいていたことを、痛感していた。

出野組長が指摘したように、黒人グループをよく見ると、はっきりと2つのグループに棲み分けられているのがわかる。確かに筋肉質でガタイがよいナイジェリア系黒人らは、同じような体型の者らで徒党を組んでいるように見える。そして、背が高いセネガル系黒人たちは、長身の者同士でにこやかに談笑している。

オレも出野組長に教えられたから気づいたのだが、ナイジェリア人もセネガル人も判別がつかない。おそらく、普通の日本人には選別不能であろう。以前はガーナ系も含め、かなり多くの人種で形成されていた。だが出野組長いわく、今は黒人グループのほとんどがナイジェリア人とセネガル人だという。

「昨年末、東京拘置所にいたんですが、運動の時間に外国人ばかりのグループに入れられ往生しましたよ」

黒人グループをジロジロ見ているオレに、出野組長は横から話しかけた。

「あぁ、去年の年末に出野さんが執行猶予で出た事件ですね」

オレは、出野組長が逮捕されたことを知っている。

「はい」

出野組長は昨年末、『恐喝未遂』で起訴され、東京拘置所に数ヶ月身柄を拘束されていた。そのとき、東京拘置所の運動の時間に、イラン人、ナイジェリア人、エストニア人、中国人ら、外国人犯罪者たちとの交流を持ったという。

「実際、外国人犯罪者の9割は薬物の輸入です。でも、みんな、『運び屋にされた』『知らないうちにバッグに入れられていた』と言い張るんです」

日本にきて犯罪や事件を起こしても、まったく反省しないのが外国人流。

「ヤツらは、強制送還なんか屁とも思っていませんよ。日本はカネを持っているから、どんな手段を使ってでも稼げばいいんだ、と考えています。日本にいるときから、祖国に送金もしてますからね。強制送還されても、自国では一家のヒーローですよ。お父さんが送ってくれたおかげで、家族はこんなにも豊かな暮らしができたんだって……黒人らは、プロの出稼ぎなんです」

幼少時より貧困の中で育ち、富を得るために歌舞伎町にやってきたアフリカ系の黒人たちは、一般常識やモラルをやすやすと超えた行いをする。食うためにはなんでもする。奪われたら、奪われた方が悪い。まさに、『弱肉強食』が、歌舞伎町に生きる彼らの一般常識でありモラルなのだ。外国人らの倫理観は、彼らの営業にも反映されている。

日本人の客引きはあとのことを考えて、あまり強引な客引きはしないが、黒人たちは平気で日本人客を脅すという。これではぼったくりの元祖、昔のギャングバーだ。

組長は外国人たちで歌舞伎町内のシノギの棲みわけが上手くできているという。まず、中国人が窃盗に風俗店経営。イラン人、エストニア人がクスリ系全般。ナイジェリア人とセネガル人が客引きやぼったくり店の経営。今や、アフリカ系黒人が、外国人による歌舞伎町のぼったくり被害のほとんどを占めているといっても過言ではない。

黒人らは客の持つ現金はもちろんのこと、ほかの狙いはクレジットカードのデータを盗むこともある。黒人を含め、外国人の店にはレジに設置されたカード精算機『キャット』を改造したスキミング機が取りつけられている。一昔前、マレーシア人たちがスキミング集団を結成して、莫大な金額をだまし取った手口だ。

奇しくもオレが新潟刑務所に服役していたとき、同房のマレーシア系中国人のマフィアの幹部であるグアンと仮釈放で出る1年前から暮らしていた。

彼はオレが出所して、1年半ほど遅れて強制送還になったが、品川の入管（東京入国管理局）にまで面会に行ったこと思い出す。

当時のマレーシアスキミング団のボス・アーロン（仮名）は、ICPO（国際刑事警察機構）から国際指名手配をうけ逮捕されている。だが、アーロンのスキミング団にはわずかだが残党が残っていて、この手口で歌舞伎町を中心に日本の繁華街を暗躍していた。経済大国日本は、意

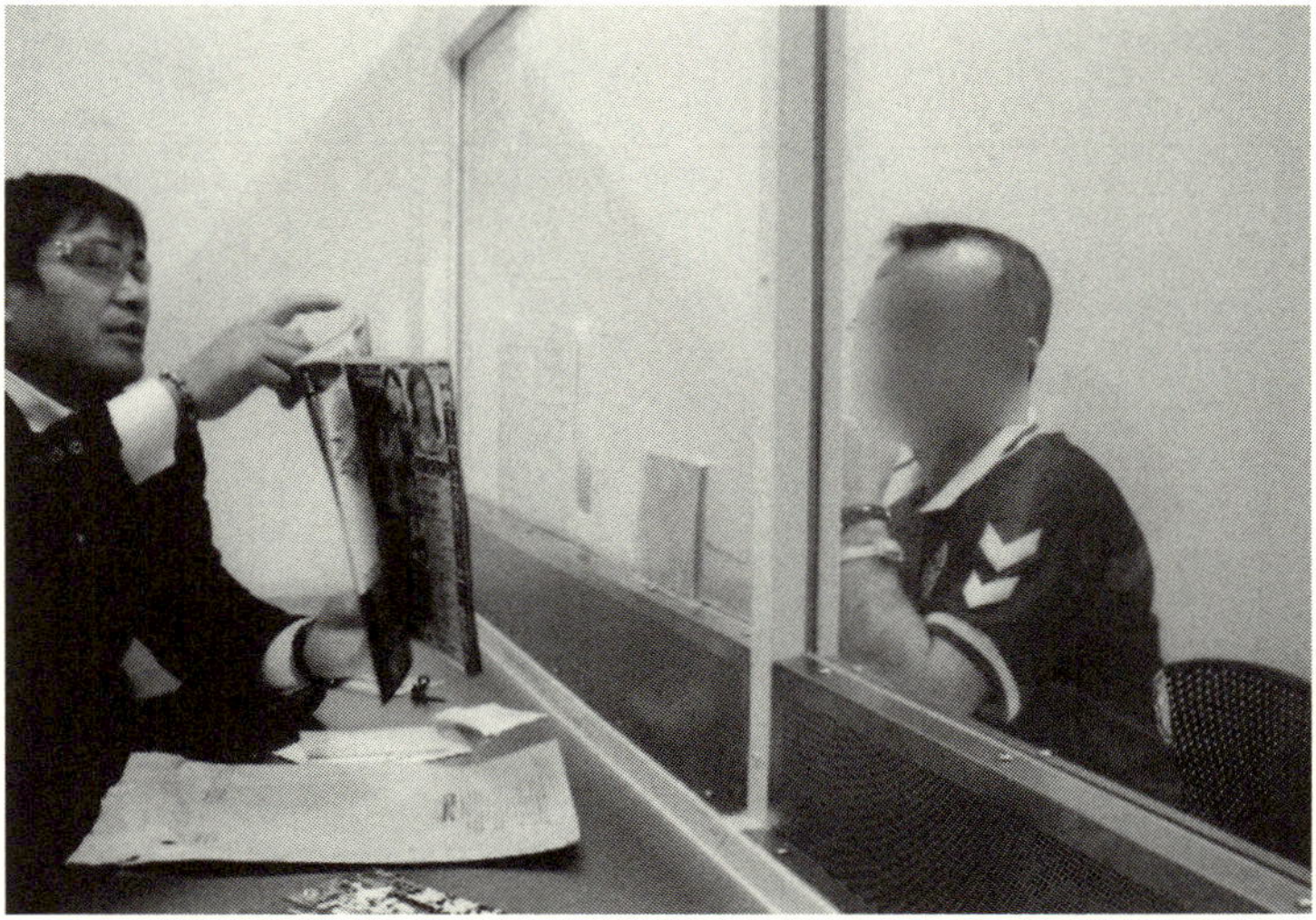

品川の入国管理局の面会場にてマレーシア系中国人マフィアのグアンと面会する著者

外にもクレジットカード後進国であった。銃器大国アメリカなどでは多額の現金を持つことが危険なため、昔からクレジットカードを「プラスチックマネー」と呼び重用しているという。

最近では日本もETCなどの設置でクレジットカードを多用するようになってきているが、いまだにクレジットカードを持たない主義の年配者が多い。しかし、月収の少ない若者たちには、クレジットカードは必要不可欠のものとなる。なによりも購買力の高い若者層には、キャッシングやローンと連動して使えるクレジットカードは有用な秘密兵器でもある。

それだけに、カード破産などの事故も多発している。

特に外国人のぼったくり店などは、前述したようにギャング的な手口ばかりが取り上げられて、クレジットカードの悪用はあまり知られていない。

最近でも1時間3千円で入店させ40万円請求、カードで支払うと「カード払いだと4割増しだ」などと、違法な請求をしたという。現在の外国人のぼったくり店は、ほとんどがクレジットカードの加盟店となっている。だが、カードで支払ってもらっても、最長55日入金までの日数がかかり、さらに手数料を7％引かれる。

10万円で9万3千円、20万で18万6千円。

月の売り上げで1千万円のカード売り上げがあれば、55日後に入金されるのは930万円で、手数料は70万円も取られるのである。

だったらと、クレジットカードのキャッシング枠でコンビニのATMでのキャッシングを促す。しかし買物枠と違い、キャッシング枠は限度額が少ない。そこで新たな事件が起こる。

近ごろのぼったくり被害でも、1時間5千円のホステスのドリンク無料で入店したが、約40万円請求され、払えないのでATMでキャッシングを強要され、不足分は住基カードをコピーされて借用書を書かされたという。前述したように、カードの支払いは店側に不利である。クレジットカード会社にぼったくり被害に遭ったむねを伝え、事故扱いにすると、担当者は店にトラブルの原因を問いただしにくる。店側はぼったくり店であることがバレると、カードの加盟店契約が解除されるのを恐れ、被害金額を全額弁済することに応じる。世はクレジットカード時代だから、加盟店でなくなればかなりの損失を負う。だから、現金のトラブルのように世に知られないのである。

オレの店もすべてクレジットカードの加盟店となっていたが、事故扱いとされるとすぐ取り引きが停止となってしまった。カードでの支払いが一般化してきた現代では、大きく売り上げに影響を及ぼす。それに、銀行口座に振り込み金額が記載されるので、もし国税局などに摘発されたら、重加算税や追徴金などで大変なことになる。摘発されるよりも恐いのは国税局なのだ。

そこで、手形の割引屋ならぬクレジットカードの割引屋を利用する。カードの割引屋は、即日または翌日の現金払いである。ただし、12%から20%の手数料が取られる。店側がクレジットカード会社に払う手数料が7%だから、カードの割引屋には5%から13%の利益が見こまれる。

ただ、契約対象者がぼったくり店や風俗店など、事故を頻発する業者が相手である。それだけにトラブった場合は、有無をいわさず全額買い取りすることが契約の条件となる。

中には、トラブルを嫌う契約店側の弱味を逆手にとり、わざとぼったくられたなどとカード会社にタレこむ悪漢もいる。故意でも、事故を申告されたら動かなくてはならないのが、クレジットカード会社。クレジット会社が、事故の原因をカード割引店側に言及。加盟店は、身の保身のため、クレーマーからの言い分をすべて飲まなくてはならない。

ぼったくり店のカードを割り引いていると認めれば、加盟店契約を解除されかねない。納得がいかなくても、用紙記載の金額をぼったくり店に買い戻させなければならない。カード割引屋は、クレジット会社の苦情係と折衝を持つ程度で、さしたる損失はない。だが、ぼったくり店側は額面10万円なら、受けとった金額が9万3千円なのに10万円を返済する。加えて、キャッチに支払った歩合までも店負担となる。契約を破棄されないため、そこまでしなくてはならないのである。オレもぼったくり現役時代、ずいぶんクレジットカードの事故には悩まされたものであった。昔のように給料の現金手渡しがなくなった今、クレジットカードは必要不可欠なものなのだ。むしろ、現金至上主義だったバブルのころが懐かしく思える。

だから、外国人ぼったくりで高い金額を請求されたら、カードで支払えばその場を凌げるかもしれない。店を出たあと、カード会社に「黒人たちに恐喝された」といえば事故扱いとなる。サムライ魂を継承する日本人には姑息なやり口だから推奨はしたくないが、まぁ、外国人犯罪者に対するひとつの防御策だと思って一考されたい。

また、アフリカ系外国人らは、マグロ営業も盛んである。

２０１５年2月2日、新宿区歌舞伎町のクラブ『エンジェルハート』で昏睡強盗を行ったとして、ナイジェリア国籍の経営者ら男女7人が警視庁に逮捕された。経営者2人は容疑を認めているが、5人は否認していたという。経営者は14年11月、41歳の男性客にアルコール度数が高い酒を飲ませて泥酔させ、およそ37万円を奪ったという。経営者は5年前から客が入店した直後に、テキーラなどアルコール度数の高い酒を飲ませて昏睡させ、近くのATMで現金を下ろさせる手口を使い荒稼ぎしていた。14年の被害は3千万円で、5年間の被害総額は2億円以上にもなると、捜査関係者は述べている。

さすがに、日本人のぼったくり店経営者は、強盗罪（懲役5年以上）で摘発されたときのリスクを知るだけにマグロ営業をする店は少ない。ところが、外国人ホステスが日本人との会話の壁を越えるため、「テキーラ勝負」と称して飲みくらべをはじめるようになる。これがマグロ営業の引き金となった。勝負といって、相手のショットグラスにテキーラとウォッカスピリタスを混入するため、簡単に泥酔する客が増えていく。

前述したように、昔は日本酒にウォッカスピリタスを入れ、ガムシロップとライムで舌への刺激を和らげてつくられたぼったくりカクテル。それを、無理やり口うつしで飲ませたものだった。今は、ムリに飲ませる必要はない。

さほど酒の強くない日本民族が、強靭なアルコール分解酵素を持つ外国人ホステスに勝てるわけもなく、無惨にも酔いつぶれてしまうのである。ひとつ間違えれば、急性アルコール中毒や自らの吐瀉物による窒息死、路上での凍死などを招きかねないマグロ営業。

ここまでくれば、ぼったくりと許容される範疇ではない。

さすがに業を煮やした警視庁が、外国人の経営するマグロ店を徹底的に叩き潰した。クラブ『エンジェルハート』の稼ぎは2億円とボロもうけしているようだが、これらの事件は氷山の一角にすぎない。

悪徳外国人経営者の〝ぼったくり〟の手法には、それに付随するいろいろな手口があるという。

その代表的なものでは、マグロ営業のほかに組織的な窃盗なども行っている。これらを手がけるのは、店内で接客する外国人ホステスたちではなく、店外にいる外国人客引きたちである。この犯罪手口は、客を店外に出して行われる。

まずは、セックスさせるというように、ホステスが客を誘いかけることから始まる。

「アトでセックスするトキ、きもちヨクなるクスリ、あるヨ。ふたりでタノシムね」

客が酔っぱらったのを確認しつつ、知り合いの外国人（黒人）客引きに連絡するのである。黒人キャッチは、外国人ホステスたちによってベロベロに酔わされた日本人客を路上まで案内する。それを、黒人の客引きらがカモにする。

「バ～イ。それじゃ、あとでネ～」

外国人ホステスらはビルの前で待ちうける客引きらに目で合図を送り、知らんふりしてエレベーターに乗り込む。同時に、巨漢の黒人たちが現れ、介抱する振りをして連れて行くのである。客が店から出たことによって、店側に責任能力はなくなる。

これは、昔からぼったくりで使われている、「青柳《あおやぎ》」という手口である。青柳は一般にいう「バカ貝」のことで、「客をバカにしたような営業」なので、青柳と揶揄したのが語源となる。

また、これと似た手口に「カゴ抜け」がある。ホステスとホテルの室内まで入って、客を先に入浴させておいて荷物をまさぐり、ドロンするという悪質な手口だ。素っ裸で追いかけるわけにもいかないし、身支度を整えたころには犯人は家でくつろいでいる。さすがにみっともなくって、客もよほどのことがない限り被害届を出さないという。だから、事件が表面に出てこない。

いずれも、これらはぼったくりというより詐欺や窃盗に近い。日本人のぼったくり業者は、あまりやらなかったように記憶する。

理由は、ハイエナのような仕事であり、歌舞伎町の住人としては感心できたシノギではないと思われていたということ。それに、利益のわりに捕まったときのリスクが大きいからだろう。だが、外国人キャッチの狙いは、日本人の持つ現金やクレジットカード、キャッシュカードだけではない。

日本政府発行のパスポートや、運転免許証に健康保険証などの身分を証明できるもの。それに今流行のスマホや腕時計、貴金属など換金できるもの、すべてが対象となる。奪われた日本人の持ち物は、すべてが現金化されるのである。あまりのやりたい放題に、日本のヤクザが業を煮やしたことがあったと出野組長は語る。

ヤクザの制裁

「じゃあ、威嚇でチャカでも突きつけたんですか」

オレは出野組長に尋ねた。

「いや、黒人ら外国人はチャカには怯《ひる》みません。日本のヤクザは、簡単にチャカを撃たないということを知っているからです。それに、軍隊とかいってますからね、ヤツらは……もしかしたら、日本のヤクザよりチャカの扱いはうまいかもしれませんね」

出野組長は苦々しげに語る。

ちょうど、某ヤクザの組長が黒人らにカラまれたことがあった。警察なども大挙して出動。大騒ぎになったことがある。野放図な黒人に、日本のヤクザは恐ろしいという印象を与えたのは出野組長の組織の若手組員だった。その若手組員は、遠藤和男（仮名）という。

ある日、彼は組織を代表して、1人の筋骨隆々な黒人に引導を渡しにいった。

「いいか、明日からここには立つな」

遠藤は、開口一番にいった。

「なんでヨ?」

だが、黒人は不思議そうな顔をする。

「オマエに、日本人のキャッチからクレームがきているんだ」

遠藤は、単刀直入にいった。

「そんなのしらないヨ」

黒人は、首を傾げた。実際、黒人は体格で劣る日本人をナメていた。それに、よほど大きくない限り、恰幅のいいヤクザでさえ黒人の前では見劣りする。遠藤は中肉中背だが、どちらかというと痩身だった。

「いいから、ここらで引くなっていってんだよ!」

「ヤダ!!」

黒人は、完全に遠藤を無視し、客のあとを追っていく。遠藤は客と黒人の間に立ちふさがり、

「ナメんじゃねぇ!」と叫んだ。その瞬間、黒人が繰りだしたパンチが遠藤の顔面を襲った。ヘビー級ボクサーと、フライ級ボクサーの世界戦のようなもの。体格差は歴然で、遠藤はワンパ

外国人ぼったくりとは共存できなかったが、メジャーリーガーのバリー・ボンズが来日したとき歌舞伎町でのボディーガードはKグループが務めた

ン一発で硬い道路上に転がった。調子にのった黒人はさらに殴り続け、いつしか遠藤はボコボコにされ路上に横たわっていた。

「ザマみろ！」

捨てゼリフを吐き、警察がこないうちに去っていく黒人キャッチ。

遠藤は薄れゆく意識の中で、このときの黒人の捨てゼリフをハッキリ聞いたという。

悔しそうに立ち上がった遠藤は、この屈辱をバネにレジェンドとなる。数日後、遠藤は彼を殴った黒人を見つけ、いきなりドスで外国人の顔を斬りつけた。見事に黒人の左頬がパックリと裂け、数秒で切り口から流血が溢れだした。

「Oh SHIT!」

黒人は、滴りおちる血液を見て大声で叫ん

だ。

「ここに立つんじゃねぇぞ、いいな！」

遠藤はうろたえる黒人の胸ぐらをつかみ、ドスで顔の右側の頬を2〜3度叩いた。

「Yes……sir!」

黒人は、声を震わしながら答えた。

「よ〜し！　もし、今度ここらで立っているのを見かけたら、次はここをズブっといくぞ」

遠藤はドスを黒人のノド元に突きつけ、クンロク（脅し）をガッチリと入れた。解放された黒人は、キャッチ仲間数人に連れられ歌舞伎町から消えた。

「黒人をはじめ外国人たちは、なぜかチャカは平気なのですが、刃物は恐れるんです」

遠藤が身体を張って黒人を斬りつけて以来、彼らはヤクザに逆らわなくなったのだという。

「今は、シキテンも立たなくなり、ヤクザであろうと刑事であろうと誰かれなく声をかけますからねぇ」

「確かに……」

昔はシキテンがいて、声をかけてはいけない者（ヤクザ、刑事、同業者）を把握していた。そのほかにシキテンは街のシマワリ（どこからどこまでが客を引けるかという境界）にも目を光らせて、お互いの境界を守っていたのである。

「だからトラブルが少なかった」

「そうですねぇ」

昔を懐かしむような目で、出野組長はいった。

「昔は、シキテンや店の責任者がしっかりしていたので、トラブルが本当に少なかったんですよ。店同士のトラブルは、お互いの店の責任者が会って話し合った。今は、些細なことでもオレたちを呼びますからね」

組織間が仲よくやっているうちはいいが、抗争中にぼったくり同士がモメると大変なことになる。

「われわれだって、たかが料金トラブルや、キャッチ同士のいざこざで懲役を懸けたくないですよ、ホント……」

店側は、毎月決められたカスリを払うだけだが、ケツ持ちは弁護士などの裁判費用に差し入れなど相当な金額を負担する。

たとえば月に10万~15万円程度のカスリをもらっていても、組員1人を懲役を懸けさせたら赤字を食らってしまうのである。

「ヤツらには組織とか、責任者とかはないんですか」

オレは、思いだしたように訊いた。

「現在、黒人グループのリーダーは、フライディー（仮名）とフラッシュ（仮名）という2人がいるんですが、彼らは必ずしも絶対的君主じゃない。アフリカを支配する、さまざまな宗教による対立があるからなんです」

ゆえに、昨日ボスだった黒人が他勢力から経営権を奪われ、いち客引きに戻ったりすることも少なくはない。日本人には想像のつかない弱肉強食の世界なのである。

「あっ！ ちょ、ちょっと影野さん。待っててください」

出野組長は、足早に歩きだした。その先には、長身の黒人が、若い学生風の男の子に声をかけている。出野組長の姿を確認すると、サッと隠れようとするナイジェリア系の黒人。

「おい、オマエ、新しく入ったのか？」

ここぞとばかり、出野組長は尋ねた。

「イエ。ワタシ、ツーリスト。ツーリスト……」

出野組長は、怪訝そうな目で黒人を見た。そこに、出野組長の顔見知りのナイジェリア系黒人客引きの頭《トップ》が現れる。

「オォ、ボス。コレ、ワタシのフレンド。きょう、ナイジェリアからカンコウでキタよ。ヨロシクね」

調子よく語る、ナイジェリア系黒人客引きの頭。うしろでは、不安そうな表情で出野組長を見る自称ツーリストの黒人。

「こいつ、客引いてたんじゃないんですか」

オレは、出野組長に進言した。

「えぇ、多分そうだと思いますよ。でも、客を引いている現場を押さえるまでは、証拠がありませんからね。歌舞伎町で迷ってしまい、道を訊いていたと答えられたら、なにもできませんから。ま、そのうちにメクれるでしょうから、証拠を握ったら、ギッチリいただきますよ。ハハハ……」

オレたちの日本語がわからないのか、自称ツーリストのナイジェリア人がヘラヘラと愛想笑いを浮かべている。出野組長とオレは、不快感を胸に現場を去った。

「少し前には、こんなにも外国人の客引きなんかいなかったのに……」

今の歌舞伎町は、客より客引きらの方が多いのではと思えるほど、キャッチやポン引きの数が増えている。もちろん、行儀の悪い外国人客引きを含めて、である。

歌舞伎町の現状は戦後ヤクザが治安維持をしていた頃と変わらない。

なぜならば、日本政府が外国人の犯罪行為に、および腰であるということだ。外国人犯罪者は、担当や管轄が違うため検挙や査察などを行うのは面倒な手続きがいるという。警察は警視庁、あるいは警察庁。外国人犯罪者は入国管理局を含め、外務省の管轄となる。彼らのバックには、日本での自国民を守ろうと海外の大使館がドーンと控えている。そのおかげで、最近では外国人のぼったくり店がやりたい放題の野放しとなった。そこに楔を打ち込んだのは、日本のヤクザだった。

日本人キャッチと外国人キャッチの間に少しの秩序ができてから、外国人ぼったくり店の摘発に腰をあげ動きだしたのが警察だった。だが、外国人によるマグロぼったくり事件の摘発が呼び水となって、外国人の悪質なぼったくりは沈静化したように思われる。しかし、外国人たちがおとなしくなると、今度は日本人のぼったくり店が雨後のタケノコのごとく現れる。

取り締まる警察と、摘発を免れようとするぼったくり店。まさに、いたちゴッコである。

ぼったくり店の抑止力となるべくして施行された『ぼったくり防止条例』であるが、逆にメニューを掲げ料金を明示すればぼったくりとはならない。

つまり、料金トラブルは刑事事件ではなく、民事事件として明確に区別されるようになったのである。

警察がぼったくり店に翻弄されるようになったのも、皮肉にもその原因がぼったくり店を取り締まるための『ぼったくり防止条例』であることを知る人は少ない。

エピローグ

歌舞伎町噴水撤去事件

東京オリンピック誘致で歌舞伎町はどうなる

１９８４年（昭和59年）、歌舞伎町コマ劇場前にあった噴水が撤去された。翌年、施行される新風営法（風俗営業等の規制及び業務の適正化等に関する法律施行規則）を前にしての歌舞伎町での一大事件であった。

それほど、コマ劇場前の噴水は歌舞伎町の住人らに愛されていた。

歌舞伎町の噴水は、昔このあたりに流れていた『蟹川《かにがわ》』の源流の湧水だった。蟹川は花道通りを流れ、早稲田にある神田川まで４・９キロもの長さに渡って流れていたという。だから噴水は、早稲田の学生に愛されていたのだろうか。

特にラグビーなどの早慶戦で地元の早稲田大学が勝った日には、学生が噴水広場に大挙して押し寄せ、裸になって噴水内にダイビングしたものである。阪神タイガースが優勝したとき、熱烈な阪神ファンが大阪ミナミの道頓堀川に絶叫ダイブを決行するように……。彼らには元気が売りの関西人に負けないほどの熱気と勢いがあり、若さが溢れかえらんばかりであった。このシーンは、中村雅俊のドラマ『俺たちの旅』のオープニングシーンでも流されている。

水に飛びこみ歓喜する早大生を見て、オレの心の中に青春という文字が光り輝いた。

すでに、ぼったくり店を任されていたオレは、もし大学を中退していなければ、彼らと同じように若さにまかせ噴水に飛びこんでいたかもしれない。若者の持つ、ありあまるエネルギーを発散させる場が、歌舞伎町の噴水だった。だが、歌舞伎町の噴水は道頓堀川のような水深がなかった。

あるとき、ダイブした早大生の1人が、水底に落ちていたガラス瓶の破片で大ケガを負い、待ってましたとばかりに、噴水の撤去が決定したのである。

噴水の解体作業を目の当たりにして、新風営法施行後は「オマエたちもこのように潰してやるぞ」という示威行為にしか見えなかったのは、オレだけであろうか。

とにもかくにも、翌年の新風営法の施行を迎えるにあたり、なんともいえない不安感に苛《さいな》まれたことを記憶する。

そして新風営法の施行。

不夜城が不夜城でなくなり、深夜になるとネオンが消え真っ暗になる歌舞伎町には閑古鳥が鳴いた。街からの人離れは施行前から危惧されていたことだったが、その予測どおり新風営法施行後は歌舞伎町を史上空前の大不況が襲った。

この時期、われわれ歌舞伎町の住人の間には奇妙な噂話が広まった。

不況は新風営法施行が原因ではなく、歌舞伎町の噴水を壊したことに起因するのだという。

「もともと水商売の街である歌舞伎町は、竜神様に護られていたんですよ。ところが、西方浄土からくる竜神様が西新宿の高層ビル街に阻まれて高く飛ばなければならず、歌舞伎町にやってきたときには疲れきっている。乾いたノドを潤したいと思っても、いつも水を飲んでいた噴水がなくなっている。仕方がないので竜神様は歌舞伎町を通過して、1度花園神社にきて一息をつき、それから新宿御苑の池まで水を飲みにいくようになったっていうんですよ」

オレのアルバイト（もちろん、ぼったくり店）先の元上司であり、施行当時はポン引きの親方（責任者）に転職していた堀田樹一（仮名）は大真面目な顔でいった。

これは、1985年（昭和60年）ごろの歌舞伎町の住人たちの間で、まことしやかに流れていた都市伝説である。

ウソか真か、竜神様の休憩場となった花園神社近くにあるゴールデン街と、新たな水呑場となった新宿御苑そばの新宿二丁目は大盛況。逆に、竜神様の水呑場である噴水を撤去した歌舞伎町には以前のような活気はなくなり、そのままズルズル衰退していった。

オレより歌舞伎町の先輩にあたるキャッチやポン引きたちまでが、「竜神様の祟りじゃないか」と、真顔でいっていたことを思いだす。

これらを踏まえ、一時期『歌舞伎町に噴水を復活させる』ことをスローガンに掲げた運動があった。だが噴水は復活することなく、歌舞伎町の景気は回復せず不況が続いた。のちの日本経済史上はじまって以来のバブル経済到来までは、景気が上がったり下がったりの繰り返しだったように思う。バブル崩壊後は全国的な不況に陥ったが、意外にも歌舞伎町は少し活気を取り戻した感があった。

中でもオレが率いたKグループは急成長を遂げた。だが、驕れる者は久しからず。1999年（平成11年）、ノストラダムスの大予言『恐怖の大王が地球を襲う』ことはなく地球は滅びなかったが、Kグループは『梅酒1杯15万円事件』で「恐怖の警察がKグループを摘発」し、滅亡してしまったのである。

翌年には『ぼったくり防止条例』まで施行され、わがKグループの残党を含め多くのぼったくり店が閉店に追いこまれていた。

捕らわれの身となったオレは、その時期に行われた東京都知事選に小学生のころから憧れていた石原慎太郎に、新宿警察署内から獄中投票（警察調べの段階での被疑者は投票できる）した。今思うと、これは一生の不覚であった。

石原慎太郎は、かって『太陽の季節』で文壇に華々しくデビューしたころとは違い、権力の権化と化したただの老害にすぎなかったのである。景気を回復しつつあった歌舞伎町は、石原都政によってまた新たな暗黒期が訪れた。石原都政は歌舞伎町のクリーン化を錦の御旗に、歌舞伎町の風俗店などを徹底的に取り締まった。そして迎える2002年（平成14年）の暮れ、オレは新潟刑務所から仮釈放を1年もらい社会復帰する。

出所後、すっかり暗雲立ちこめた歌舞伎町の風俗業界に見切りをつけ、元のKグループの仲間たちと出会い系サイトの事務所を開く。これが当たった。

初めてのITビジネスは順調で、今まで経験したことのない「摘発の恐れのないネットビジネス」に、時代の推移を感じていた。

出所からわずか3ヶ月で、稼ぎにかせいだオレはこの世の春を謳歌する。

だが、2004年（平成15年）暮れに、東京都知事・石原慎太郎の腹心となった警察庁出身の副知事・竹花豊により、再び『歌舞伎町浄化作戦』と称した風俗店などの大規模な摘発が行われた。この歌舞伎町浄化作戦に便乗し、石原都政の方針に追従した民間人有志らが決起し、『歌舞伎町ルネッサンス』などと称してコマ劇場前で客引き禁止を訴えたり、ボランティアで歌舞伎町の清掃などを行った。

参加していた自称優良店のみなさま方は、午後8時までは客引き防止を叫んでいるが、8時を過ぎるとボランティアは終わる。終わるとともに、彼らが客引きを始めたのである。

これにはオレ自身、呆れかえって言葉もでなかったほどだ。

彼らは歌舞伎町ルネッサンスに参加することにより、摘発を免れようとしたのであろう。

しかし、追従した方々の思惑通りにはいかず、捜査の魔の手は風俗店だけにはとどまらず、正

稼ぎどきにあたる時間帯にパトカーが停められていたため、
歌舞伎町を訪れる客や住人たちにも評判が悪く、街は閑散としていた

規営業の優良店にまでも及んだ。

石原慎太郎暗殺計画

その日、オレは某大手週刊誌の記者と、会員制の高級クラブで飲んでいた。すでに、夜の10時を回っていただろうか。入口付近で、ガラの悪い連中らが黒服を呼んでいる。

「おい、責任者はいるか。新宿署の生安だ」

どうやら、新宿署署員たちの立ち入りのようだった。店長に呼ばれたママは、あわてて入口の刑事たちのところに向かった。老舗のクラブだけに店舗は小さく、こじんまりとしている。店内は有線などの音楽は流さず、静かなので刑事たちとのやりとりが客席まで聞こえた。

「営業許可書を見せろ」

「従業員名簿を備えているのか」

「未成年の従業員は使っていないか」

「ヤクザのケツ持ちはどこだ」

「営業時間は何時までなんだ」

まるで犯罪者に対するように、呼びつけられたママや店長を質問責めする刑事たち。営業時間内の警察の不穏な立ち入りに、オレが堪らず罵声を浴びせかけた。

「おい、いいかげんにしろ！　ここはな、アンタらが捜しているような、おかしな店じゃないんだ。常連客が高いカネを払って飲む紳士の社交場だ。目ざわりだから、サッサと帰れ！」

「そうだ、そうだ」

飲んでいる常連客たちも、オレの言葉に賛同するように声を上げた。

「なぁ、アンタら。この店、ツブされてもいいのか」

悪代官のような刑事の言葉に、オレたちは思わず固唾をのんだ。立ち入りにきた刑事の吐くセリフではない。

ミカジメを獲りにきて、それを拒否されたチンピラの捨てゼリフのようだった。

このころだったであろうか。

少し大げさだが中国の『文化大革命』（毛沢東が1966年に発令）なみの風俗文化の弾圧に、歌舞伎町の住人たちの間に流れた噂が『石原慎太郎暗殺計画』だった。

話の内容は稚拙で、歌舞伎町の住人有志を100人募って1口100万円ずつ出し合い、その1億円でゴルゴ13のようなプロのスナイパーを雇い、石原都知事を射殺してもらおうという計画だった。

浮世離れした計画というか稚拙な与太話だが、あれだけ執拗に取り締まられると、誰しもが妄想の世界で石原都知事を殺したいと思っていたのではないだろうか。それほど石原都政は、歌舞伎町の住人らに蛇蝎《だかつ》のごとく嫌われていたのである。

さらに2005年(平成16年)4月には、客引き禁止条例の施行へと続き、その後、2012年(平成24年)まで、石原は4期に渡って知事職に君臨するが、任期満了を待たずして知事職を辞任。あとを継いだ猪瀬直樹が、都知事選史上最多得票を獲得し就任するが、わずか1年ももたずに辞任。

2014年(平成26年)、新たな東京都知事に舛添要一が就任するが、猪瀬同様に短期間での辞任。両者とも、最後は泥試合を展開し辞職に追いこまれるという、お粗末な幕切れであった。

小池百合子都知事と歌舞伎町

そして、2016年(平成28年)、東京都史上初の女性都知事が誕生する。

元防衛大臣、小池百合子であった。

小池都知事は、自民党からの公認が得られないなどの選挙前から物議を醸しだしながらも、得票率は44・49%という歴代4位の票を獲得して当選。第二十代東京都知事に就任した。

それからが圧巻であった。都知事就任後、『厚化粧発言』で小池都知事を侮蔑した石原元知事

歌舞伎町クリーン化の一環で違法駐車防止のために設置されたポール。
歌舞伎町の住人たちには非常に危険で不評であった

を、豊洲新市場問題で土俵際に追いこんだ。石原都政には、砂をかむような思いをさせられていた歌舞伎町の住人としては、なんとも痛快な話であった。女性ならではの見事な意趣返しである。

このとき、オレの脳裏に過去の記憶が蘇った。

時代を遡ること32年……奇しくも噴水撤去の1984年に、小池都知事は歌舞伎町だけでなく、全国の風俗界にも大きな改革をもたらしていた。

当時、性的サービスを行って男性に人気であった特殊浴場『トルコ風呂』の名称が、自国の国名で呼ばれることに憤慨を感じた東京大学在学中のトルコ人留学生が日本国に抗議し、新たな名称として『ソープランド』が誕生したのである。

トルコ風呂の名称変更に暗躍したのは、日本テレビ系『竹村健一の世相講談』でアシスタントキャスターを勤めていた、若き日の小池百合子現都知事だった。

小池はトルコ人青年とコンタクトを取り、名称変更を推奨して最終的に成功を収めたのである。

この件でトルコ政府は日本に謝意を表明し、親日派として長年に渡って親密な友好関係が続いている。ニュースキャスターのころから、小池百合子の政治家としての手腕が垣間見えるではないか。

女性は性風俗系の摘発には厳しい感があるが、小池都知事はトルコ風呂をソープランドと改称させ、営業は容認しているところに注目したい。

もし、石原であったらトルコ風呂を一斉摘発し、性風俗文化を消滅させたに違いない。江戸時代、湯女（風俗嬢）を置いて賑わった『岡場所』を徹底的に取り締まった、『寛政の改革』（1787年施行）の松平定信のように。

過去、賑わいを見せた宿場町「内藤新宿」のように、歌舞伎町は人で賑わい、キャッチ、ポン引きらが行き交い、ぼったくりが横行する。また多くのネオンの下には、バカラやポーカーの賭場があり、デートクラブなどの性風俗店が息を潜め営業している。そんなカオスの街だったからこそ、昔の歌舞伎町には活気があり夢があった。

一度会社を倒産させた者、破産し夜逃げしてきた者が、ふたたび復活することができる街が歌舞伎町だった。

誰にでもチャンスが与えられる街、歌舞伎町ドリームを体現できる街。ドン底から這いあがり、頂点に君臨することも可能な街……それが、歌舞伎町であった。

現在、コマ劇場跡地には複合インテリジェントビル『新宿東宝ビル』が建ち、歌舞伎町を彩った過激な風俗店の看板はほとんどなくなり、コンビニやファストフード店、ホテルなどで街は埋め尽くされている。

よくぞまぁ、ここまでクリーンな街に様変わりしたものだと思う。今さらながら、歌舞伎町を昔に戻せとはムリな注文であることはわかっている。

だが、せめて歌舞伎町にきた人すべてが、胸にトキメキを覚えるような魅力的な街であってほしい。目をギラつかせた人が溢れかえった、かつての歌舞伎町のように……。

これから、2020年（平成32年）の東京オリンピックに合わせて、また国家規模での浄化作戦がはじまるであろう。だが、いきすぎた浄化作戦は、さまざまな弊害を呼ぶ。このことは過去の歴史が物語っている。

今から52年前の1964年（昭和39年）、終戦後最初の国家事業であった東京オリンピックの開催時も、歌舞伎町は火が消えたように静かだったという。

歌舞伎町は、叩かれても叩かれても復興を遂げる、奇跡のような街である。だからこそ、大切にしてほしい。

どんなに打ちひしがれても、歌舞伎町を捨てなかった住人たちの熱い思いを……。

歌舞伎町は、相互扶助の街である。

キャバ嬢が鼻の下を伸ばしたオヤジをダマし、高級ブランド品を購入させればブランドショップは売り上げ増につながる。景気がよくなったショップの経営者は、またキャバクラや風俗店でカネを落とすだろう。そして、稼いだキャバ嬢や風俗嬢が、ホストクラブで豪遊。ホストは高級品を貢がせ、高価な時計や貴金属で身を固める。また稼いだホストたちは、博打や飲食店でカネを散財。賭場や店は繁盛し、商店主やオーナーたちは、またまた歌舞伎町にカネを落とす。

歌舞伎町の経済は、自然界の食物連鎖のように成り立っているのである。

だから歌舞伎町で汚く稼いで、歌舞伎町でキレイに使うのが、歌舞伎町の流儀。歌舞伎町で稼いでも、銀座や六本木で使う。そんなヤツは、歌舞伎町の住人ではない。

歌舞伎町は誰のものでもない。歌舞伎町は、歌舞伎町を愛するすべての人のものなのだ。

参考文献

朝日新聞
読売新聞
東京新聞
神峻氏ブログ
『裏の裏は、表…に出せない！』
（http://shinshun.blog47.fc2.com/）

新宿歌舞伎町
悪漢《ヤカラ》のアウトサイダーズ・エシックス

2017年10月23日 初版第一刷発行

著者……影野臣直

発行者……鈴木誠

発売元……株式会社 れんが書房新社

〒160-0008 東京都新宿区三栄町10-106

TEL 03-6416-0011　FAX 03-3461-7141

デザイン……長久雅行

表紙写真……渡辺克己

帯写真……共同通信社

印刷・製本……中央精版印刷株式会社

ISBN 978-4-8462-0423-5